AF612408

Biblioteca de Filosofía del Derecho

Carlos Alarcón Cabrera
(Director)

Carlos Antonio Agurto Gonzáles
Sonia Lidia Quequejana Mamani
Benigno Choque Cuenca
(Coordinadores Generales)

COLECCIÓN ALLAN R. BREWER-CARÍAS

Alejandro Gallotti

El poder de sustitución del juez en la función administrativa

Edición al cuidado de
Carlos Antonio Agurto Gonzáles
Sonia Lidia Quequejana Mamani
Benigno Choque Cuenca

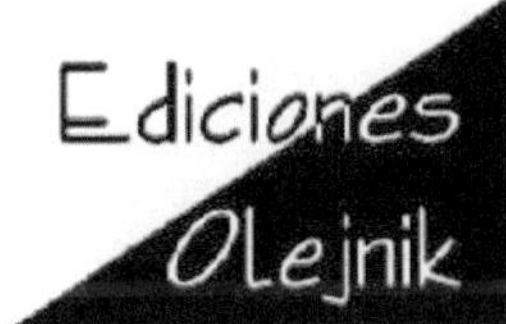

Título: El poder de sustitución del juez en la función administrativa

© Alejandro Gallotti

© Ediciones Olejnik
Huérfanos 611, Santiago - Chile
E-mail: contacto@edicionesolejnik.com
Web site: http://www.edicionesolejnik.com

Primera edición en Ediciones Olejnik: 2021

ISBN: 978-956-392-960-7

Diseño de Carátula: Ena Zuñiga
Diagramación: Luis A. Sierra Cárdenas

La primera edición de Ediciones Olejnik fue impresa en Argentina, 2021

La reimpresión en coedición entre Ediciones Olejnik y Editorial Jurídica Venezolana fue impresa por Lightning Source, an Ingram Company, para Editorial Jurídica International Inc., 2021

ÍNDICE

IV
LOS PODERES DEL JUEZ FRENTE A LA FUNCIÓN ADMINISTRATIVA

Dedicatoria

A mis padres, por haberme brindado todas las herramientas necesarias para alcanzar mis metas.

A mi tutor José Gregorio Torrealba, a la profesora Ninoska Rodríguez y a la Dra. Canabal, por estar siempre pendientes de que terminara este trabajo

A mi esposa por su paciencia y apoyo incondicional

LISTADO DE ABREVIATURAS

CRBV	Constitucióndе la República Bolivariana de Venezuela
CPC	Código de Procedimiento Civil
CC	Código Civil
COT	Código Orgánico Tributario
DRVFLOPGR	Decreto con Rango Valor y Fuerza de Ley Orgánica de la Procuraduría General de la República
DRVFLAI	Decreto con Fuerza y Rango de Ley de Arrendamientos Inmobiliarios
LOJCA	Ley Orgánica de la Jurisdicción Contencioso Administrativa
LOTSJ	Ley Orgánica del Tribunal Supremo de Justicia
LOCSJ	Ley Orgánica de la Corte Suprema de Justicia
LOPA	Ley Orgánica de Procedimientos Administrativos
LRCAV	Ley para la Regularización y Control de los Arrendamientos de Vivienda
LODDTCPP	Ley Orgánica de Descentralización, Delimitación y Transferencia de Competencias del Poder Público
LOPPM	Ley Orgánica del Poder Público Municipal
LOAP	Decreto con Rango Valor y Fuerza de Ley Orgánica de Administración Pública
LOAFSP	Ley Orgánica de la Administración Financiera del Sector Público
TS J	Tribunal Supremo de Justicia
CSJ	Corte Suprema de Justicia
SC	Sala Constitucional
SPA	Sala Político Administrativa
SCS	Sala de Casación Social
SCC	Sala de Casación Civil
CPCA	Corte Primera de lo Contencioso Administrativo
CSCA	Corte Segunda de lo Contencioso Administrativo
PGR	Procuraduría General de la República

INTRODUCCIÓN

Al momento de hacer referencia a la tutela efectiva de derechos y concretamente al encuadrar ésta en el derecho procesal administrativo, pareciera reiterarse a lo largo del tiempo un debate respecto a la posibilidad de exigir a la Administración el cumplimiento de lo ordenado por el Poder Judicial, ello no solo desde la perspectiva del principio de separación de poderes, sino igualmente en atención a los fines que persigue el Ejecutivo en pro del interés general y que han servido de base para la creación de privilegios procesales y en definitiva, para que este se escude y exima del cumplimiento de lo decidido, al menos de forma expedita y en los términos del fallo. Así, el objetivo esencial de este estudio será determinar cuáles son los límites de la función jurisdiccional frente a la Administración, además de examinar hasta qué punto el derecho procesal administrativo resulta un conjunto de mecanismos judiciales efectivos para el ciudadano.

Tal y como señalo en el párrafo anterior, este tema ha sido objeto de controversia en el pasado, sin que se haya suscitado una resolución definitiva al respecto, pudiendo hacer referencia a Barcelona (1993), quien sostuvo hace dos décadas que el contencioso administrativo de nuestro tiempo no podía seguir amparándose en esquemas que mantienen una insostenible situación que conduce a que «*... en muchas ocasiones el contencioso no satisfaga las exigencias constitucionales de la justicia...*» (p. 121 y 122). Lo anterior, es expuesto en igual sentido -aunque con otras palabras- por García De Enterría (1992) quien, en el orden de la justicia administrativa, sostiene que «*...en el momento de dictar sentencia se hace jurisprudencia, pero no justicia...*» (p. 101).

Así, al observar el ordenamiento jurídico venezolano vigente, se desprende un régimen especial en materia de ejecución de decisiones judiciales que dispone el desarrollo de un procedimiento que debe aplicarse contra la Administración Pública en caso de qué esta resulte perdidosa enjuicio. Dicha regulación integrante del derecho procesal administrativo, escapa del régimen procesal ordinario e imperante en la mayoría de las ramas del derecho procesal venezolano, en las que puede mencionarse el Código de Procedimiento Civil y la Ley Orgánica Procesal del Trabajo, entre otras, donde el Poder Judicial, en uso de sus potestades públicas de rango constitucional, es capaz de juzgar, sentenciar y hacer efectivo y real el cumplimiento de sus decisiones, en clara correlación con la figura y principio fundamental denominado Estado de Derecho y de Justicia.

Ahora, al momento de acudir al régimen judicial aplicable en la denominada Jurisdicción Contencioso Administrativa la clasificación normativa, que compone el derecho procesal administrativo, esto es, la Ley Orgánica de la Jurisdicción Contencioso Administrativa, el Decreto con Rango Valor y Fuerza de Ley Orgánica de la Procuraduría General de la República, la Ley Orgánica del Poder Público Municipal y las demás normas aplicables en materia de prerrogativas procesales y procedimientos especiales de los diversos órganos y entes que componen la Administración Pública, resulta evidente que la autonomía y *poder de imperium* de los tribunales se ve plenamente disminuido frente a la Administración, por cuanto ésta se encuentra dotada de una serie de privilegios especiales que logran colocarla en una clara situación de desigualdad procesal frente al ciudadano, comúnmente justificado en la protección que debe ser otorgada al patrimonio público, el cual, conforme a la legislación y jurisprudencia rectora en la materia, se encuentra dirigido a satisfacer el interés general.

Dicha justificación ha servido de base para desarrollar un régimen de prerrogativas procesales y, por tanto, un iter procedimental para proceder a la ejecución y condena del Estado, supuestamente destinado a proteger los fines públicos del mismo.

> Resulta por tanto, actual y oportuno analizar hasta qué punto la autonomía de una de las ramas esenciales del Poder Público, esto es el Poder Judicial, puede ver disminuida su actuación y fin, ante la Administración Pública. Del mismo modo, la justificación al régimen de prerrogativas procesales del Estado, debe ser analizada desde un punto de vista restrictivo, con el objeto de lograr, por una parte, la satisfacción de los servicios esenciales y, por otra, procurar igualmente la satisfacción del servicio de justicia, que para muchos debe ser entendida como servicio público, situación abordada por Canales (1995), quien estima que la justicia no es un fin en sí mismo «*... sino que es un medio, ya que en última instancia su justificación y finalidad, como la de cualquier otro servicio público, es la satisfacción de las demandas de los ciudadanos...*» (p. 63). Igualmente, Méndez, J. (2000), ha considerado relevante «*... examinar los principios rectores de un servicio público y relacionarlos con el funcionamiento del sistema de administración de justicia...*», ello con el objeto de procurar un sistema de justicia que resulte realmente accesible, carácter que desde la perspectiva del autor presenta especial influencia en el campo de los derechos humanos:
>
> «En primer lugar, el servicio público de justicia debe caracterizarse por la continuidad, en atención, al interés general que debe realizar y proteger el Estado, en este caso, la justicia.
>
> (...*omissis*...) .

En segundo lugar, la adaptación. El principio anterior lleva ineludiblemente al tratamiento de la adaptabilidad del servicio como salvaguarda del mismo principio de continuidad.

(...*omissis*...)

Tercer principio: el de la igualdad. Uno de los principios regentes de toda la doctrina jurídica, y en especial de los derechos humanos, tiene necesaria mención al tratarse el tema del servicio público, mas aun cuando se trata de la administración de justicia como uno de tales servicios.

(...*omissis*...)

El cuarto principio es el de celeridad. Es quizá aquí donde mayores problemas o barreras se encuentran para un adecuado y eficaz acceso a la justicia, debido a la inoperancia o desinterés estatal para detectar con rapidez las causas de la retardación de justicia, de los procesos largos y costosos, del litigio sin representación adecuada o carente del todo de la misma.

(...*omissis*...)

Quinto principio, el de la gratuidad. La gratuidad de los servicios públicos debe entenderse de manera relativa, en el sentido que los usuarios generalmente tendrán que afrontar un pago directo o indirecto por el mismo, dada la creciente onerosidad de su prestación, que imposibilita su total responsabilidad financiera a cargo del aparato estatal. Sin embargo, en materia de administración y acceso a la justicia, la gratuidad del servicio debe ser entendida en el sentido de su disponibilidad orgánica y funcional, es decir, en la posibilidad real de todo operador de sistema de acudir físicamente al mismo y defender sus derechos mediante una adecuada representación que no implique para él un costo tal, que convierta en nugatorio el derecho de acceso y atención.» (p. 4 y ss.).

Si bien en Venezuela se adoptan en gran medida los presupuestos constitucionales de acceso a la justicia y tutela de intereses del justiciable anteriormente citados, irónicamente vemos como el régimen de prerrogativas procesales, suele ser estudiado desde la perspectiva del caso concreto, en el sentido que se plantea que tales privilegios protegen el interés general de la colectividad, frente al interés individual del justiciable que ha demandado al Estado, cuando lo cierto es que se trata de una regulación normativa aplicable a todos los ciudadanos que aspiran obtener de parte del Poder Judicial el control de legalidad de la actividad administrativa. Por tanto se trata de un sistema procesal universal, que afecta además, a un verdadero servicio público, cuyo fin último es la justicia y en el caso de la denominada Jurisdicción Contencioso Administrativa, pretende el sometimiento del Estado al derecho, objetivo primordial de nuestros principios fundamentales constitucionalmente establecidos.

Por ello, este trabajo, aparte de hacer un análisis exhaustivo del derecho procesal administrativo en cuanto a la condena judicial del Estado se refiere, debe igualmente dirigir su estudio a la potestad que ostenta el Poder Judicial de hacer ejecutar de forma real y efectiva sus decisiones judiciales frente al régimen de prerrogativas procesales de la Administración Pública, considerando el principio de legalidad presupuestaria en el marco de las partidas presupuestarias para hacer frente a las condenas judiciales, comúnmente empleado por los entes públicos para evadir el cumplimiento de lo decidido por el tribunal.

De esta manera, debe plantearse en el tema de estudio, aparte del desarrollo del régimen jurídico aplicable, soluciones adecuadas que permitan el establecimiento de un sistema de administración de justicia acorde a los preceptos constitucionales como el debido proceso, Estado de Derecho y de Justicia, autonomía del Poder Judicial frente a otras ramas del Poder Público y, por ende, la restitución de la situación jurídica infringida, que conlleva lógicamente la ejecución de lo juzgado y sentenciado por el tribunal de la causa.

En tal sentido, resultará de suma relevancia examinar el poder del juez de la denominada Jurisdicción Contencioso Administrativa, a los fines de determinar hasta qué punto la Constitución de la República Bolivariana de Venezuela y seguidamente el derecho procesal administrativo, permite a este hacer ejecutar lo juzgado, así como también el poder de sustituir mediante el acto jurisdiccional de la sentencia, la actividad administrativa omitida por la Administración Pública, ya sea (i) ante el incumplimiento de una obligación propiamente administrativa, o (ii) ante el incumplimiento de una orden jurisdiccional.

En efecto, uno de los puntos que suele ser objeto de debate en el ámbito del derecho procesal administrativo, ha sido el de los poderes del juez, bien el denominado poder inquisitivo, mediante el cual ha sido aceptado por la mayoría doctrinal (*vid.* Pasceri, Araujo, Beltrán De Felipe, entre otros), las amplias facultades del juez para resolver la controversia y buscar la verdad de los hechos, ello con el fin de la consecución de la justicia administrativa, así como el poder de sustitución del juez, este último quizás con un línea doctrinaria no tan uniforme, pero igualmente aceptado por la mayoría (vid. Hernández J., Urosa Maggi, entre otros).

Sin embargo, al momento de hacer énfasis en el poder de sustitución del juez administrativo, observamos el choque entre el principio de separación de las ramas del Poder Público y la posibilidad de que el juez se sustituya en la actividad administrativa, situación que en el Siglo XIX llevó a la formulación de la Teoría del Juez Ministro y consecuentemente a la creación de la jurisdicción contencioso administrativa, tomando como base la imposibilidad de que el Poder Judicial se involucrara en asuntos de la Administración.

El presente estudio va más allá de concluir si existe o no el poder de sustitución del juez, el objeto primordial será delimitar hasta dónde puede llegar esa potestad jurisdiccional sobre la función administrativa, de allí que se proceda a presentar un análisis comparativo entre la doctrina nacional y extranjera, así como los precedentes que se han verificado en la materia por parte del Tribunal Supremo de Justicia de Venezuela, y de este modo, demarcar cuándo el juez al momento de asumir un criterio y dictar una decisión en contra de la Administración está ejerciendo función jurisdiccional y cuando está ante el eventual ejercicio de función administrativa.

Considerando los puntos en controversia, el presente trabajo partirá de un estudio de las nociones de Estado de Derecho y de Justicia, examinando especialmente la diferencia entre función administrativa y jurisdiccional, para seguir a un estudio pormenorizado de la efectividad de los mecanismos judiciales, bien desde la perspectiva del derecho a la tutela judicial efectiva, como desde la perspectiva de los derechos humanos.

Una vez que hayan sido examinadas las bases de la noción de función jurisdiccional y su clara delimitación del Poder Ejecutivo, procederemos a estudiar las bases jurídicas del derecho procesal administrativo venezolano (contencioso administrativo), para lo cual haremos especial énfasis en la teoría del juez-ministro, así como también en las facultades establecidas por el ordenamiento jurídico a favor del juez contencioso-administrativo. Del mismo modo, analizaremos la naturaleza jurídica de la denominada jurisdicción contencioso-administrativa y observaremos la forma en cómo ha sido trasladada al marco judicial venezolano, abriendo la interrogante respecto a si en Venezuela existe realmente una jurisdicción contencioso administrativa.

De igual forma, el estudio de la ejecución de la sentencia como presupuesto esencial de la tutela judicial efectiva requerirá de especial consideración, por cuanto, la ejecución de la sentencia no es solo una potestad constitucional del Poder Judicial, sino que además se presenta como la materialización de la justicia y en gran medida del Estado de Derecho. Es por ello que analizaremos los distintos procedimientos para la ejecución de la sentencia contra los distintos entes públicos u organizaciones personificadas de derecho público, culminando con un estudio comparativo de los procedimientos de ejecución de sentencias en otros países latinoamericanos y europeos.

Finalmente, centraremos el presente trabajo en los principios del derecho procesal administrativo, siguiendo con los poderes del juez, para examinar así el poder de sustitución del Juez en la función administrativa, refiriéndonos a la doctrina nacional y extranjera, así como a decisiones del Tribunal Supremo de Justicia, todo ello con el correlativo análisis del marco procesal venezolano.

I

ESTADO DE DERECHO Y ADMINISTRACIÓN DE JUSTICIA

La definición de Venezuela se encuentra constitucionalmente descrita en nuestro Texto Fundamental como un Estado democrático y social de derecho y de justicia, teniendo como fines esenciales «... *la defensa y el desarrollo de la persona y el respeto a su dignidad, el ejercicio democrático de la voluntad popular/la construcción de una sociedad justa y amante de la paz, la promoción de la prosperidad y bienestar del pueblo y la garantía del cumplimiento de los principios, derechos y deberes consagrados en esta Constitución...*». Como podemos observar, Venezuela es denominada por el constituyente cómo República, de allí que sea definida en nuestra Constitución como Estado de Derecho, puesto que La República, como sistema político se encuentra plenamente fundamentada en el imperio del ordenamiento jurídico, así como en. la igualdad ante la ley, todo ello como mecanismo que procura, frenar, desde la perspectiva del derecho privado, el irrespeto y violación de los derechos y garantías del ciudadano, mientras que desde la perspectiva de la Administración Pública, busca evitar el abuso de poder: y de autoridad, protegiendo los derechos fundamentales y las libertades civiles básicas.

De esta manera, resulta plenamente reconocido en nuestro marco constitucional, así como en nuestra doctrina y jurisprudencia que el ordenamiento jurídico regula el poder y la autoridad en consonancia con las garantías individuales y el bien común, previendo principios esenciales para que los derechos y garantías constitucionales sean respetados por los individuos y en especial por aquellos que detentan una condición de Poder -ya sea económica o jurídica- que denota una situación de supremacía o dominio sobre el particular, todo ello en la procura de una sociedad justa que garantice la igualdad entre los ciudadanos.

Lo descrito tiene especial acepción en el ejercicio del Poder Público, puesto que el Estado en búsqueda de garantizar la satisfacción de las necesidades ciudadanas, está dotado de un conjunto de poderes y privilegios frente al particular, que conllevan en cierto modo, una relación de sujeción-dominio, de allí que las garantías y derechos constitucionales, en atención de los principios fundamentales del derecho público, resulten la piedra angular del , Estado Social de derecho y de justicia, permitiendo el control de la autoridad, mediante diversos mecanismos (*vgr.* principio de legalidad, derecho constitucional al debido proceso, propiedad privada, seguridad jurídica, etc.) de imposible omisión y trasgresión, so pena de nulidad absoluta de dichas actuaciones y pudiendo generar, eventualmente, responsabilidad patrimonial.

De tal forma, ante la actuación o bien la inactividad de los órganos y entes que conforman la Administración Pública, el particular tiene la posibilidad de requerir del Poder Judicial el control de legalidad de esas manifestaciones o declaraciones formales o de facto suscitadas en dichas relaciones jurídicas, particularmente ante el agravio o afectación del marco jurídico del o los ciudadanos afectados. Así, la CRBV establece en su artículo 26 el denominado *derecho a la tutela judicial efectiva*, en el sentido de garantizar el acceso a los órganos de administración de justicia, quienes deberán desempeñarse de manera expedita, transparente y eficaz, marco que dentro del derecho procesal administrativo debe estudiarse en concatenación al artículo 259 constitucional que denota la existencia de la denominada jurisdicción contencioso administrativa, previendo como particular poder del juez la restitución de la situación jurídica infringida.

El referido derecho se encuentra íntimamente ligado con los principios fundamentales de la República como lo sería su concepción de «Estado Democrático de Derecho y de Justicia» que propugna como valores máximos la igualdad y la justicia, en la procura del denominado Estado de Bienestar. De esta manera, el Texto Fundamental dispone una serie de derechos y garantías inherentes a estos principios de manera de lograr su eficacia y procurar así el desarrollo de la persona humana.

En este sentido, cuando nos referimos al *Estado de Derecho*, necesariamente entendemos que el Estado se somete al derecho (principio de legalidad), para ello, se establece igualmente como presupuesto ineludible el *Principio de separación del Poder Público*, a los fines de evitar el abuso de autoridad del cual el hombre ha sido víctima durante prácticamente toda su historia, de modo que con el anterior principio se pretende que los actos emanados de las autoridades administrativas estén sujetas al control jurisdiccional por un juez imparcial, siendo posible, la restitución de la situación jurídica infringida así como la indemnización por daños y perjuicios si fuese pertinente.

Para ello, resulta necesario un sistema de administración de justicia independiente del Poder Ejecutivo, siendo posible obtener no solo una sentencia condenatoria contra el Estado a los fines de reparar los daños causados por este, sino también lograr su efectiva ejecución, es decir, juzgar y ejecutar lo juzgado. Así, se observa que la Doctrina venezolana, entre la que se encuentra la producida por el profesor Araujo-Juárez (1996), nos señala que el fundamento del derecho a la ejecución de las sentencias no solo comprende la pretensión, sino también el lograr el cumplimiento de los fallos (pág. 524).

Lo anterior deviene sumamente lógico desde el punto de vista jurídico y procesal, puesto que de nada sirve obtener una decisión favorable si la misma no puede ser ejecutada. En este sentido, el Código de Procedimiento Civil, establece una serie de mecanismos procesales destinados a la ejecución de las decisiones judiciales (artículos 523 y siguientes), lo cual, implica, río solo el mandamiento de ejecución y el decreto de ejecución por parte del Tribunal de la causa, sino además, las medidas cautelares, preventivas y ejecutivas, entre las cuales puede mencionarse el embargo, cuyo fin es precisamente evitar que el fallo resulte ilusorio o se ocasionen daños irreparables o de difícil reparación a los justiciables.

Sin embargo, ha sido usualmente estimado por los operadores jurídicos que resultaría contrario al principio de separación de poderes el indicarle a la Administración como desarrollar sus funciones, expuesto por algunos como subsumirse en la actividad administrativa, criterio que toma particular fuerza en el ámbito procesal administrativo venezolano al estar contenida esta *jurisdicción contencioso administrativa* dentro de la estructura del Poder Judicial y no así dentro de la rama ejecutiva del Poder Público (*vid.* artículo 136 de la Constitución).

No obstante lo anterior, tanto el legislador nacional, particularmente en el Decreto con Rango, Valor y Fuerza de Ley Orgánica de la Procuraduría General de la República, así como la jurisprudencia de la Sala Político Administrativa del Tribunal Supremo de Justicia y las Cortes de lo Contencioso Administrativo, han dispuesto una serie de privilegios y prerrogativas procesales a favor del Estado (República, Estados, y entes descentralizados) que atentan u obstaculizan la tutela judicial efectiva de los particulares, puesto que revisten de una serie de poderes y privilegios a la Administración Pública que la protegen de la ejecución de las decisiones judiciales, con el simple argumento de que el patrimonio de la República está destinado a la satisfacción del interés general, motivo por el cual numerosas leyes, entre ellas, el Decreto Con Fuerza de Ley Orgánica de la Procuraduría General de la República, la Ley Orgánica del Tribunal Supremo de Justicia, la Ley Orgánica de Administración Pública, la Ley Orgánica del Poder Público Municipal, la Ley Orgánica de Descentralización, Delimitación y transferencia de Competencias del Sector Público, etc., han desarrollado varios presupuestos procesales que rigen las controversias en las que sea parte la Administración Pública.

Pero ello no culmina en el campo legislativo, la jurisprudencia nacional ha analizado en numerosas ocasiones las referidas prerrogativas y privilegios, dando, en la mayoría de los casos, una interpretación extensiva de las mismas e incluso han llegado a crear -mediante sentencia- nuevas prerrogativas, lesionando no solo el derecho constitucional a la igualdad dentro del proceso, sino además lesionando y disminuyendo plenamente la tutela efectiva de los justiciables.

De esta manera, observamos que un sistema de administración de justicia en el que la ejecución de la sentencia definitiva es desarrollada conforme al capricho de la misma parte condenada, afecta profundamente el derecho constitucional a la tutela judicial efectiva y seguridad jurídica de los ciudadanos, resultando incluso más delicado el problema, cuando la parte perdidosa es precisamente la Administración Pública, quien ejerce la autoridad, de modo que a los fines de garantizar un Estado de Derecho y Justicia, es necesario que la misma se someta al derecho, siendo la sentencia una manifestación de este, preservando además la separación del Poder Público, necesario para una verdadera vida democrática.

1. El Estado como organización

La noción de Estado puede ser sumamente amplia, puesto que hace referencia tanto al aspecto, intrínseco de un individuo como serían las circunstancias que afronta o siente un persona en un momento dado, o bien desde la perspectiva jurídica, donde puede dirigirse bien al ámbito civil, familiar, de necesidad u otros, donde cada rama del área legal que se trate definirá supuestos de hecho y sus correlativas consecuencias (*vid.* Guillermo Cabanellas de Torres, *Diccionario Jurídico Elemental*). Ahora, al hablar de Estado como organización, vemos que es definida por García Pelayo (2009) como «*Unidad de decisión y acción, cuya función es transformar mediante unos procedimientos racionales, una realidad de acciones humanas y de recursos de distinto género en unos resultados unitarios*», cuyos fines serán esencialmente: (i) Asegurar su propia existencia y reproducción como organización, (ii) Garantizar la convivencia pacífica en su territorio .(canalización jurídica) y (iii) Asegurar su permanencia como entidad soberana. (p. 2952 y siguientes).

A. Características

Ciertamente el Estado se caracteriza por el poder, el cual es estructurado y organizado en distintas formas administrativas, bien sea organizaciones personificadas u órganos administrativos, principalmente, como señalaría García Pelayo, se trata de un proceso de división con un fin unitario (*ob. cit.*). Estas entidades o unidades funcionales, según hagamos referencia a persona jurídica de derecho público o bien a órgano administrativo, se distinguen de otras organizaciones esencialmente por el llamado *Poder de Imperium*, lo que le permite: (i) extraer imperativamente recursos a través de medidas administrativas (*vgr.* Tributos, sanciones administrativas, precios públicos etc.), (ii) estatuir y garantizar la vigencia de un orden jurídico, que establezca las relaciones jurídicas entre los individuos, marco generalmente vinculado al llamado derecho privado u ordinario, entre el Estado y los individuos, así como entre las distintas organizaciones personificadas y órganos de derecho público, estas últimas como parte esencial del derecho administrativo.

B. Funciones

Lógicamente entre, las funciones que persigue el Estado encontramos no solo aquellas vinculadas a la defensa de la Nación y las relaciones internacionales, tal y como nos expone Rondón de Sansó, H. (2005) en referencia a Zanobini, sino igualmente aquellas referidas a la división política, la operacionalización de las decisiones políticas, así como su gestión administrativa y judicial, e igualmente la función de control sobre otros órganos (p. 66 y siguientes).

Lo precedente hace posible cumplir tanto con los fines esenciales como no esenciales del Estado, garantizando su integridad como nación soberana, así como también, salvaguardando los derechos y garantías constitucionales de los ciudadanos, para ello se parte de las funciones ejecutiva, legislativa y judicial, como base del Estado Democrático de Derecho y de Justicia. Punto de partida puesto que de una estructura que hace posible el seguimiento y cumplimiento de esos fines y funciones permitirá dar la posibilidad de constituir a ese Estado como democrático, en la medida que el ciudadano tiene participación en asuntos públicos y muy especialmente en la función legislativa, la cual, ordena a su vez las competencias y atribuciones de los órganos que componen el ejecutivo, así como también disponen el marco que debe ser seguido por los administradores de justicia, dado que éstos últimos deberían restituir la situación infringida, es decir, la ruptura de la ley que fue creada por el pueblo a través de su representante parlamentario.

2. El Estado constitucional

El profesor Duque Corredor (2008), estima que a diferencia de la doctrina clásica que limita la conceptuación moderna del derecho constitucional, la doctrina contemporánea «*...añade el estudio de los valores y principios que rigen el ordenamiento jurídico y los fines superiores del Estado democrático y social de Derecho, para afianzar la libertad y dignidad del hombre...*» (p. 9), añadiendo las reglas de organización y competencia del Poder Público, de allí el principio de supremacía constitucional dispuesto en el artículo 7 de la Constitución de la República Bolivariana de Venezuela, así como el principio de separación de poderes y el principio de legalidad, previstos en los artículos 136 y 137 *eiusdem*, erigiéndose como los Principios Fundamentales del Derecho Público.

En este orden de ideas, la Sala Constitucional del Tribunal Supremo de Justicia en sentencia N° 33 del 25 de enero de 2001, ha sostenido lo siguiente:

> «... La Constitución es suprema, entre otras cosas, porque en ella se encuentran reconocidos y positivizados los valores básicos de la existencia individual y de la convivencia social, al tiempo que instrumenta los mecanismos democráticos y pluralistas de legitimación del Poder, tales como los relativos a la designación de las autoridades y a los mandatos respecto al cómo y al para qué se ejerce autoridad (...) El principio de supremacía de la Constitución, responde a estos valores de cuya realización depende la calidad de vida y el bien común...».

El criterio precedentemente citado, manifiesta la importancia del respeto a la supremacía del orden constitucional, ya que la misma hace posible la existencia individual y la convivencia social, además de someter el ejercicio del poder a mecanismos que regulen y justifiquen su existencia, como sería precisamente la subordinación de la Administración al ordenamiento jurídico (*vid.* artículo 137 *eiusdem*), por lo que resulta contrario a nuestra noción de Estado Social de Derecho, inobservar los postulados constitucionalmente previstos. Es por ello que se faculta al ciudadano a acceder a los órganos de administración de justicia para realizar el control de legalidad de las actuaciones emanadas del Poder Público, ya que, en definitiva, la Constitución si bien propugna la existencia del Estado y su conformación orgánica, tiene por objeto -en gran medida-, proteger al ciudadano de este. Lo expuesto debería ser la base fundamental del criterio a seguir por los órganos de administración de justicia, particularmente aquellos que componen la denominada Jurisdicción Contencioso Administrativa, con el objeto de ejercer el control de legalidad de las actuaciones de la Administración Pública, en aras de salvaguardar los derechos de los ciudadanos ante el poder de imperio del Estado.

Como señala el profesor Duque Corredor (2008), el derecho constitucional va más allá de la propia Constitución, dado que ello también involucra los tratados internacionales que el propio Texto Fundamental considera como componentes integrantes de nuestro ordenamiento jurídico, e igualmente atañe valores y principios que hacen posible el Estado democrático y social de derecho, con el objeto de afianzar la libertad y la dignidad, con las correlativas reglas que limitan el Poder Público en respeto de las garantías ciudadanas. Así, sostiene el autor que la Constitución como norma suprema tiene su justificación en el reconocimiento que hacen los constituyentes a los derechos naturales de la tutela de la libertad y de la dignidad de las personas, reconocidos incluso como anteriores al propio Texto Constitucional, puesto que son normas fundamentales implícitas, y por tanto, naturales en todo ser humano «*... ello por cuanto, como reflexiona García Pelayo, es en la Constitución donde se encarna de forma jurídica propiamente la soberanía, razón por la cual es el orden supremo que no deriva de ningún otro y del que, por el contrario, derivan todos los demás órdenes jurídicos...*» (p. 90 y siguientes).

Con base en lo precedente, resultaría inaceptable admitir el ejercicio del Poder Público sin los cauces constitucionales y legales, dado que cualquier órgano o ente de la Administración, independientemente del fin que persiga, solo puede hacer lo que la ley le permita, considerando también, que las competencias que le hayan sido legalmente otorgadas, deben seguir el iter formal de la función administrativa. El derecho constitucional y la supremacía constitucional, no son simples normas de discrecional observancia, constituyen la base y marco de toda actuación de cualquier rama y nivel del Poder Público, de manera que así como se habla de *Estado Social* en sentido real, debe ello someterse a la Supremacía Constitucional en sentido material, lo que engloba tres consecuencias: (i) todas las normas están subordinadas al texto constitucional y en su desarrollo (sea legal o sub legal) han de conformarse con sus valores, principios y reglas; (ii) La Constitución es la condición de legitimidad de toda actividad jurídica de los órganos del Poder Público, por lo tanto, la competencia debe estar prevista en la Constitución o en la ley y, a su vez, ella debe ser practicada conforme a sus valores y principios y, finalmente, (iii) la nomocracia que es una consecuencia de ese carácter primigenio, en el sentido que «*...la justificación del poder depende de la misma Constitución, de modo que quien gobierna es la Constitución; es decir, el gobierno se reemplaza por el gobierno de la ley, encabezada por la Constitución...*» (vid. Román Duque Corredor, 2008 ob. cit.).

3. El Principio de Separación del Poder Público

Igualmente conocido como división horizontal o separación orgánica de poderes, ese principio del Derecho Público, más que una separación, constituye una ramificación horizontal de los diversos niveles del Poder Público, tal y como se desprende del artículo 136 de la Constitución venezolana, y que como bien señala el Profesor Brewer-Carías (2005) «*... origina órganos independientes y autónomos entre sí, que ejercen las diversas ramas del Poder Público...*» (p. 71), las cuáles, si bien son estructuradas tradicionalmente en Legislativo, Ejecutivo y Judicial, en nuestro marco jurídico se agregan 2 ramas adicionales para lograr una perita división del Poder Público Nacional, al incorporarse en la Carta Magna de 1999, los llamados Poderes Ciudadano y Electoral.

A las referidas ramas corresponden funciones propias y a su vez independientes a cada una de ellas, destinando ,su ejercicio a órganos diferenciados como son -esencialmente-, en lo que respecta a la función legislativa: la Asamblea Nacional, Asambleas Legislativas y Concejos Municipales; según atañe a la función ejecutiva: Presidencia, vicepresidencia, ministerios (ámbito Nacional), Gobernaciones (estadal) y Alcaldías (municipal); en lo que concierne a la función jurisdiccional el texto constitucional y legal se limita al nivel Nacional, siendo organizado básicamente en el Tribunal Supremo de Justicia y demás tribunales creados por la ley, así como ciertos órganos de investigación, entre otros (vid, artículo 254 de la Constitución venezolana).

Sin embargo, aun cuando se disponga una forma de ramificación o separación de las funciones del Poder Público, ello no implica que estas se desempeñen de forma exclusiva y excluyente, por cuanto, cada rama tendrá la posibilidad de ejercer funciones administrativas, así como funciones normativas (que aún cuando no conlleve precisamente legislar, de cualquier modo, dichos instrumentos formarán parte del marco jurídico).

No obstante, deberá examinarse hasta qué punto la función administrativa puede ser desempeñada por el juez, no solo desde la perspectiva de actividades simplemente de la administración orgánica y formal (nombrar funcionarios públicos, removerlos o destituirlos, etc.) del Tribunal, sino también estudiar su poder de sustitución en la actividad administrativa, tema que ha sido igualmente debatido desde la perspectiva contraria, es decir, el ejercicio de la función jurisdiccional en sede administrativa, en actos que resultan de procedimientos de fisionomía triangular.

Así, la Sala Constitucional del Tribunal Supremo de Justicia en sentencia 3098 del 14 de diciembre de 2004, con ponencia del Magistrado Pedro Rondón Haaz, sostuvo lo siguiente:

> No escapa a la Sala que (...) el principio de separación de poderes que recoge el artículo 136 de nuestro Texto Fundamental, de idéntica manera a como lo establecía el artículo 118 de la Constitución de 1961, no implica, ni mucho menos, una división rígida de órganos y funciones, sino que, como la misma norma predica, cada una de las ramas del Poder Público tiene sus funciones propias, pero los órganos a los que incumbe su ejercicio colaborarán entre sí en la realización de los fines del Estado.
>
> Principio de colaboración de los Poderes Públicos que lleva a un control mutuo entre poderes y, en definitiva, admite, hasta cierto punto, una confusión funcional entre ellos, es decir, que cada una de las ramas del Poder Público puede ejercer excepcionalmente competencias que, por su naturaleza, corresponderían, en principio, a las otras y de allí que la Administración Pública cuente con potestades normativas (*Vgr.* la potestad reglamentaria) y jurisdiccionales (*Vgr.* resolución de conflictos entre particulares) y los órganos deliberantes y judiciales cumplan ciertas funciones típicamente administrativas (*Vgr.* la organización interna de sus dependencias y la potestad disciplinaria respecto de sus funcionarios, entre otras).

De esta forma y en virtud de la decisión anterior, es posible afirmar tal y como sostiene Brewer-Carías (2005) que «... *todos los órganos del Estado, en una u otra forma ejercen todas las junciones del Estado...*» (p. 78), situación que no implica una tergiversación del Principio de separación de Poderes, sino sencillamente la conjugación de tres, o en el caso de Venezuela, cinco ramas que procuran lograr los fines esenciales del Estado en un sentido macro, entiéndase consecución de la justicia, desarrollo de la persona humana, generar fuentes de trabajo, procurar la protección del núcleo familiar y en definitiva alcanzar el llamado Estado de Bienestar (*vid.* artículo 3 de la Constitución de la República Bolivariana de Venezuela). En este orden de ideas, sostiene el referido autor con relación a la división de la potestad estatal en ramas y la distribución de su ejercicio en diversos órganos lo siguiente:

> «... no coincide exactamente con la 'separación' de las funciones estatales. Por tanto, el hecho de que exista una separación orgánica 'de poderes' no implica que cada uno de los órganos que lo ejercen tenga necesariamente el ejercicio exclusivo de ciertas funciones, pues paralelamente a las 'funciones propias' de cada órgano del Estado, éstos ejercen funciones que por su naturaleza son similares a las que ejercen otros órganos estatales...» (p. 79).

Vemos entonces que el principio de separación de poderes, procura el inicio de la estructura del Estado en pro de un ejercicio democrático del Poder Público, evitando la acumulación de Imperio en una o pocas personas y procurando la participación del ciudadano en asuntos públicos, especialmente, en la denominada función normativa, por ser esta quien delimitará las actuaciones de los demás órganos del Estado. Siendo que lo precedente no conlleva un ejercicio exclusivo y excluyente de dichas funciones, sino que, todas esas acciones deberán conjugarse, hasta cierto punto, en la procura del desenvolvimiento del Estado en atención al respeto de la ley y el derecho para el logro de los fines esenciales que cada individuo busque en razón de su espíritu y propósito en la vida.

Por otra parte, tenemos que Beltrán de Felipe (1995) afirma que, la autoridad de la cosa juzgada, en el sentido del respeto de la Administración frente a la sentencia, se opone a su independencia respecto del poder judicial. Así, sostiene el autor *in commento*, en cita a Jéze, lo siguiente:

> «El principio de independencia de la Administración activa respecto de los tribunales es una superstición secular, explicable en un régimen autoritario, es demasiado contraria al ideal democrático del reinado de la ley para durar mucho tiempo más» (p. 101).

De manera que, respecto a los límites que presenta cada una de las ramas del Poder Público en el ejercicio de las funciones que constitucionalmente les ha sido conferidas debe destacarse el respeto por la autoridad de la cosa juzgada, como presupuesto esencial tanto del Estado de Derecho como de la seguridad jurídica y desarrollo de la persona humana, que requerirá de los mecanismos del derecho procesal administrativo, una efectiva resolución de la causa.

Así, Beltrán de Felipe sostiene, en referencia a Nigro, que aquí no cabe hablar de autonomía e independencia de la Administración, sino en todo caso, de sometimiento de la Administración a derecho, poniendo de manifiesto dicho autor que la regla esencial del Estado de Derecho «*... ha sido interpretada de manera a desvirtuar una de las vertientes del mismo Estado de Derecho (el respeto del Poder Público de las decisiones de un poder judicial independiente y garante de las libertades)...*» (p. 103).

4. De La junción administrativa y la Junción jurisdiccional

Conforme a los estudios del profesor Brewer-Carías (2005), debemos entender por función a la acción que desarrollan los órganos estatales o la actividad que desempeñan como tarea que les es inherente «*... en el sentido que solo en ejercicio de Poder Público pueden cumplirse...*» (p. 79). Así, el referido autor diversifica las funciones del' Estado de la siguiente forma: a) Función normativa, b) función política, c) función jurisdiccional, d) función de control y e) función administrativa.

Visto que el estudio que nos ocupa se circunscribe a la relación entre la función jurisdiccional desempeñada por el juez contencioso administrativo, frente a la actividad administrativa (función administrativa), resulta relevante ahondar en su concepto y alcance con el objeto de delimitar los límites del poder jurisdiccional frente a la Administración Pública.

A. Función Administrativa

Al hablar de función administrativa, resulta necesario invocar inicialmente el artículo 7 de la Ley Orgánica de Procedimientos Administrativos donde es definido el acto administrativo como «... *toda declaración de carácter general o particular emitida de acuerdo con las formalidades y requisitos establecidos en la ley, por los órganos de la administración pública*» (Subrayado añadido). Asimismo, el artículo 14 *eiusdem*, prevé igualmente la jerarquía de los actos administrativos en los siguientes términos: decretos, resoluciones, órdenes, providencias y otras decisiones dictadas por órganos y autoridades administrativas.

De este modo, Araujo Juárez (2007) expone que se observan fundamentalmente tres criterios: a) manifestaciones de voluntad que contienen declaraciones de carácter general o particular dirigidas lógicamente a los cometidos del Estado (criterio material), b) cumpliendo las formalidades de ley (criterio formal) y, c) dictado por los órganos de la Administración Pública, a lo cual obviamente debe agregarse la figura del ente administrativo (criterio orgánico) (p. 461 y siguientes).

Así, el autor en referencia, nos plantea que el acto administrativo es una declaración intelectual y, por tanto, de voluntad, juicio, deseo o conocimiento, capaz de afectar situaciones jurídicas de los individuos, de allí que se trate de la ejecución del ordenamiento jurídico y, por ende, susceptible del control de legalidad y constitucionalidad ante los órganos de administración de justicia.

B. Función Jurisdiccional

Al momento de referimos a la función jurisdiccional, tenemos que esta resulta de la potestad de imperio del Estado, la cual se encuentra dirigida al denominado servicio público de justicia, facultad que igualmente cuenta con los límites propios del ejercicio del Poder Público, tal y como sería la sumisión de éste al principio de supremacía constitucional y legalidad, de conformidad con los artículos 7 y 137 de la Constitución de la República Bolivariana de Venezuela.

El artículo 253 de la Constitución de la República Bolivariana de Venezuela, delimita esta concreta cuota de poder de *Imperium* del Estado para la administración de justicia, en el sentido que «*La potestad de administrar justicia emana de los ciudadanos o ciudadanas*», correspondiendo a los órganos del Poder Judicial conocer de las causas y asuntos de su competencia mediante los procedimientos que determinen las leyes, y ejecutar, o hacer ejecutar sus sentencias. Por su parte, el Sistema de Justicia está constituido no solo por órganos del Poder Público, sino también por: «*los medios alternativos de justicia, los ciudadanos que participan en la administración de justicia conforme a la ley y los abogados autorizados para el ejercicio*».

De este modo, se observa que la administración de justicia es una potestad constitucional impartida por autoridad de la ley, facultando los órganos del Poder Judicial conocer de las causas y asuntos de su competencia *mediante los procedimientos que determinen las leyes*, así como ejecutar o hacer ejecutar sus sentencias. De tal modo, se observa el sometimiento de dicha potestad de imperio a los límites de la constitución y las leyes, en atención al principio de legalidad, por medio del cual, el Poder Público se ve subordinado al ordenamiento jurídico.

Siempre resulta oportuno en estos debates hacer uso de los conceptos previstos en los .diccionarios jurídicos, por lo que traemos a colación el Diccionario de Derecho de Pina Vara, R. (1994), donde encontramos a la jurisdicción definida como:

> «Potestad para administrar justicia atribuida a los jueces, quienes la ejercen aplicando las normas jurídicas generales y abstractas a los casos concretos que deban decidir. La jurisdicción puede definirse como la actividad del Estado encaminado a la actuación del derecho positivo mediante la aplicación de la norma general al caso concreto».

Del mismo modo, el diccionario de Cabanellas (2005) define la jurisdicción como «autoridad, potestad o dominio, poder», así como «conjunto de atribuciones que corresponden en una materia y en cierta esfera territorial», también como «potestad de conocer y fallar asuntos civiles, criminales o de otra naturaleza»', que de cualquier manera su origen etimológico implica aplicar o ejecutar el derecho. Asimismo, Humberto Bello Tabares/Dorgi Jiménes Ramos (2008) en cita referencial a Ortiz-Ortiz, han definido a la jurisdicción como:

> «... una función-potestad reservada por el Estado -fundamento constitucional-, en uso de su soberanía -elemento político-, para ejercerla en forma de servicio público -elemento administrativo-, por órganos predeterminados e independientes para la realización concreta de los intereses peticionados de los ciudadanos con carácter definitivo y con posibilidad de coacción en un proceso judicial (naturaleza procesal)...».

De esta manera, al tratarse de una manifestación del poder de imperio del Estado, situación que otorga el poder de conocer, decidir, investigar, coercionar, así como ejecutar una sentencia, para que en definitiva se logre la consecución de la justicia, es lógico que la misma se vea limitada precisamente por las leyes de conformidad con los artículos 137 y 253 constitucionales.

II

DE LA EFECTIVIDAD DE LOS MECANISMOS JUDICIALES

La tutela judicial efectiva prevé para los ciudadanos el derecho de presentar ante los órganos jurisdiccionales pretensiones de diversa índole que generarán la carga en el Poder Judicial de iniciar la sustanciación de un proceso a los fines de dirimir la causa y obtener una decisión motivada con base en el ordenamiento jurídico, que logre la indemnización de un daño o restitución de una situación jurídica que se había visto infringida. Lo precedente, debe ser estudiado en[4]concordancia con el principio *pro actione* y la garantía a la seguridad jurídica de los ciudadanos, de manera que se configure a su vez el debido proceso.

A tales efectos, es relevante considerar «la acción» , como concepto propio del derecho procesal, la cual es considerada por Bello Tabares H. y Jiménes Ramos, D (2008), como un «*... derecho subjetivo y abstracto (...) que se materializa con la demanda y que contiene la pretensión dirigida al contendor judicial...*», siendo que a través del ejercicio de ese derecho «*... se mueve el aparato jurisdiccional...*» mediante la figura del proceso judicial (p. 249). Para Rengel Romberg (1999), la acción se entenderá igualmente cómo un derecho subjetivo o «...poder jurídico concedido al ciudadano, para solicitar del juez la composición de la litis, mediante la pretensión que hace valer el demandante contra el demandado...» (p. 162).

Por su parte Montilla Bracho (2008), estima que ese poder jurídico debería referirse a los sujetos de derecho no a todos los ciudadanos (lo que abarcaría personas jurídicas), e igualmente apunta que no necesariamente la acción refiere a un litigio, por cuanto deben ser consideradas otras solicitudes como las propias a la jurisdicción voluntaria (p. 92).

Interesante resulta estudiar la llamada Teoría de la acción autónoma, reseñada por Bello Tabares H. y Jiménes Ramos, D. (2008), quien en referencia a Windsheid y Müther comenta que Windsheid sostuvo que toda violación o desconocimiento de un derecho sustancial, «*... producía una pretensión a favor del lesionado y en contra del violador...*» para obtener de esta manera el resarcimiento, del daño o la satisfacción de la obligación, pretensión que podía obtenerse en forma espontánea, cuando el agraviante la hubiese reparado o en caso contrario «*... a través de la actuación de la jurisdicción, por lo que la pretensión material se convertía en acción...*» (p. 255). En cuanto a Müther este desliga la acción del derecho civil para incorporarla al derecho procesal «*... concebido como un derecho público subjetivo, mediante el cual se obtiene tutela jurídica...*» (p. 256). Seguidamente continúa Bello Tabares H. y Jiménes Ramos, D. comentando la réplica que se suscita de parte de Windsheid quien expresó que «*... su intención era no referirse al concepto de acción, el cual solo de numera impropia podría significar derecho, como derecho de actuar, por lo que la acción, así, sería el acto de actuar en el proceso…*» (p. 257).

Finalmente, Montilla Bracho (2008), en la procura de conceptualizar de manera amplia la figura de la acción, concluye que la acción como «figura jurídica es la facultad o derecho constitucional, universal y humano, otorgado a cualquier sujeto, con la finalidad de «*... acceder a través de los medios y la oportunidad establecida por la ley, a los órganos jurisdiccionales, representantes del Estado, quienes tienen el deber de proveer en referencia a la petición realizada por el justiciable...*», considerando entonces a la acción como un «metaderecho» (p. 95).

Ahora bien, cuando no referimos a la pretensión, vemos que Montilla Bracho resalta la común confusión entre la acción y la pretensión, siendo la segunda «*... la declaración de voluntad, efectuada por ante el juez, y es el acto por el cual se busca que éste reconozca una circunstancia con respecto a una presunta relación jurídica...*» (p. 98). Por su parte, en cuanto a la pretensión en el contencioso administrativo tenemos que Araujo Juárez (2004), define esta como «*...una declaración de voluntad por la que se solicita de los órganos jurisdiccionales la anulación o reforma de un acto administrativo...*» (p. 86), agregando -al menos bajo la óptica de la derogada Ley Orgánica de la Corte Suprema de Justicia-, que el procedimiento contencioso administrativo venezolano rige como regla general, el principio del acto previo, no siendo admisibles pretensiones frente a la Administración ante la «jurisdicción administrativa», sin la existencia de una manifestación de voluntad realizada por la autoridad pública, con el objeto de producir efectos jurídicos determinados «*... que pueden ser, o la creación de una situación jurídica individual o general, o la aplicación a un sujeto de derecho de una situación jurídica general (...) y en relación con la cual se formula la pretensión procesal administrativa...*» (p. 404).

De manera que mientras la acción es el derecho a acceder a los órganos de administración de justicia, la pretensión será el objeto de ese proceso, lo que al trasladarse al derecho procesal administrativo se entendería como el derecho a demandar al Estado bien la restitución de una situación jurídica infringida, una suma de dinero o el cumplimiento de una obligación, donde la pretensión se formalizará ante el juez mediante el requerimiento de la anulación de un acto administrativo (demanda de nulidad), el pago de una indemnización o cobro de Bolívares (demanda de contenido patrimonial), así como ¡la respuesta a una petición o solicitud (recurso por abstención o carencia). Sin embargo, se puede observar que en la práctica actual, la tendencia del *contencioso administrativo* se dirige a examinar la pretensión del justiciable independientemente del nombre de la demanda ejercida, admitiendo incluso la figura de la reconducción de oficio, tal y como será examinado en los capítulos siguientes.

De esta forma, la tutela judicial efectiva podría resumirse como el derecho que ostenta toda persona de acceder al sistema de administración de justicia a los fines de lograr la resolución de la causa, constituyendo correlativamente una obligación para el Estado el garantizar un sistema judicial idóneo y eficiente que haga efectivo ese derecho.

1. Elementos

La jurisprudencia del Tribunal Constitucional español ha considerado que la interpretación de las exigencias formales de los procesos judiciales ha de ir presidida por cuatro criterios fundamentales:

- ha de ser finalista, es decir, fundada en la pretensión última de la norma, no rigorista ni formalista
- ha de propiciar el conocimiento sobre el fondo del asunto, de forma que prevalezca siempre el principio *pro actione*
- ha de valorar la proporcionalidad entre la gravedad del defecto formal observado y la consecuencia derivada de ello.
- «los errores de los órganos judiciales no deben producir efectos negativos en la esfera jurídica del ciudadano»

(Sentencias de 20 de mayo de 1983, 16 de diciembre de 1985 y 12 de noviembre de 1987).

Así, a lo precedente, Galera Rodrigo (2005), analizando diversas decisiones del Tribunal de Justicia del mismo país, indica los derechos que se encuentran comprendidos en la tutela judicial, a saber:

- Derecho a un juicio justo.
- Derecho a un tribunal independiente, en particular del poder ejecutivo.
- El derecho de defensa, oponible tanto en el marco de un procedimiento administrativo como jurisdiccional.
- Exigencia de motivación de las decisiones administrativas, vinculada a los derechos de defensa, (p. 131).

Por otra parte, la jurisprudencia venezolana suele vincular la tutela judicial efectiva con el principio *pro actione* y el debido proceso, sin embargo plantea dicho derecho de forma sumamente amplia. Así la Sala Constitucional del Tribunal Supremo de Justicia de Venezuela ha expuesto en sentencia N° 708 del 10 de mayo de 2001 que:

«El derecho a la tutela judicial efectiva, de amplísimo contenido, comprende el derecho a ser oído por los órganos de administración de justicia establecidos por el Estado, es decir, no solo el derecho de acceso sino también el derecho a que, cumplidos los requisitos establecidos en las leyes adjetivas, los órganos judiciales conozcan el fondo de las pretensiones de los particulares y, mediante una decisión dictada en derecho, determinen el contenido y la extensión del derecho deducido, de allí que la vigente Constitución señale que no se sacrificará la justicia por la omisión de formalidades no esenciales y que el proceso constituye un instrumento fundamental para la realización de la justicia (artículo 257). En un Estado social de derecho y de justicia (artículo 2 de la vigente Constitución), donde se garantiza una justicia expedita, sin dilaciones indebidas y sin formalismos o reposiciones inútiles (artículo 26 *eiusdem*), la interpretación de las instituciones procesales debe ser amplia, tratando que si bien el proceso sea una garantía para que las partes puedan ejercer su derecho de defensa, no por ello se convierta en una traba que impida lograr las garantías que el artículo 26 constitucional instaura».

En este sentido, la Sala Constitucional en sentencia N° 72 del 26 de enero de 2001, estableció que *«**todas las personas llamadas a un proceso**, o que de alguna u otra manera intervengan en el mismo en la condición de partes, **gozan del derecho y garantía constitucional a la tutela jurisdiccional efectiva**, en el sentido de tener' igual acceso a la jurisdicción para su defensa, a que se respete el debido proceso, a que la controversia sea resuelta en un plazo razonable y a **que, una vez dictada sentencia motivada, la misma se ejecute a los fines que se verifique la efectividad de sus pronunciamientos**»* (Resaltado añadido).

Vemos de esta manera una visión sumamente amplia que abarca a todas las partes involucradas en la controversia, las cuales deben gozar del derecho a la defensa siempre correlacionado con el debido proceso, que debe desarrollarse de manera expedita y algo particularmente importante debe garantizarse la ejecución de la sentencia definitiva, para que se pueda verificar la efectividad del Sistema de Administración de Justicia.

Ahora bien, estos principios y necesidades presentes en la realidad judicial venezolana llevaron al constituyente de 1999, a consagrar mandatos constitucionales que precisamente pretenden promover e intentar una pronta resolución de la controversia, como lo sería el artículo 26 de nuestra Carta Magna.

Dicho artículo reúne básicamente las máximas constitucionales del proceso, por una parte promueve e incrementa el poder del principio *pro actione* o a favor de la acción, puesto que establece que todos los ciudadanos tienen derecho a acceder a los órganos de administración de justicia, de allí que se determinara la inconstitucionalidad sobrevenida del presupuesto procesal conocido como *agotamiento de la vía administrativa* (ver sentencia N° 489 del 27 de marzo de 2001, Caso: *Fundación Hogar Escuela José Gregorio Hernández* de la Sala Político Administrativa del Tribunal Supremo de Justicia, así como sentencia N° 833 del 25 de mayo de 2001 de la Sala Constitucional del Tribunal

Supremo de Justicia, y sentencia N° 842 del 19 de junio de 2009, con ponencia del Magistrado Arcadio Delgado Rosales, Caso: *Alejandra Nereida Rodríguez* de esa Sala Constitucional), cuya exigibilidad constituía un obstáculo de acceso a la justicia, puesto que coercionaba al particular a acudir previamente en sede administrativa y esperar por una decisión (recurso de reconsideración o jerárquico) que usualmente nunca llegaba, operando en consecuencia el silencio administrativo negativo, elemento que permitía finalmente luego de varios meses de espera acceder a los tribunales en busca de la añorada justicia. De cualquier modo, en la actualidad se presenta como un procedimiento de segundo grado de carácter optativo, cuya tendencia legislativa ha sido constante desde el año 2000, esto es, luego de la entrada en vigencia de la Constitución de la República Bolivariana de Venezuela. Así, podemos destacar los siguientes textos legales:

- Ley Orgánica de Telecomunicaciones. *Gaceta Oficial* N° 36.970 del 12 de junio de 2000, artículo 204.
- Código Orgánico Tributario. *Gaceta Oficial* N° 37.305 del 17 octubre de 2001, artículo 242.
- Ley Orgánica de Administración Pública. *Gaceta Oficial* N° 37.305 del 17 de octubre de 2001, numeral 9 del artículo 7. Posteriormente la referida Ley fue reformada por Decreto Ley del 31 de julio de. 2008, *Gaceta Oficial* N° 5.980 Extraordinario, manteniendo intacto el sentido optativo de los recursos administrativos, no obstante, señaló expresamente en su artículo 7 numeral 10, como excepción a este principio a favor de la acción, el procedimiento administrativo previo a las demandas contra la República conocido como antejuicio administrativo.
- Ley de Tránsito Terrestre. *Gaceta Oficial* N° 37.332 del 26 de noviembre de 2001, artículo 144.
- Ley Orgánica de la Contraloría General de la República y del Sistema Nacional de Control Fiscal. *Gaceta Oficial* N° 37.347 del 17 de diciembre de 2001, artículos 106 y 107.
- Ley de Licitaciones. *Gaceta Oficial* N° 5.556 Extraordinario del 13 de noviembre de 2001, artículo 102.
- Ley de Contrataciones Públicas inicialmente publicada en *Gaceta Oficial* N° 38.895 del 25 de marzo de 2008, parcialmente reformada el 24 de abril de 2009 publicada en Gaceta Oficial N° 39.165, artículo 34.
- Ley del Estatuto de la Función Pública. Publicada en *Gaceta Oficial* N° 37.482 del 11 de julio de 2002, a los fines de reemplazar a la Ley de Carrera Administrativa, donde se preveía la denominada Junta de Avenimiento como requisito previo al ejercicio del recurso contencioso administrativo funcionarial o querella funcionarial, se vio desechada por el legislador al no contemplarla en el nuevo texto de Ley.

- Ley Orgánica del Tribunal Supremo de Justicia. *Gaceta Oficial* N° 37.942 del 20 de mayo de 2004 (derogada por la Ley Orgánica del Tribunal Supremo de justicia publicada en *Gaceta Oficial* N° 39.522 del 1 de octubre de 2010), vino a constituir para muchos el punto final del debate respecto al agotamiento obligatorio de la vía administrativa.

- Ley Orgánica de la Jurisdicción Contencioso Administrativa. *Gaceta Oficial* N° 39.447 del 16 de junio de 2010, no hubo mayor cambio con relación a la tendencia que se venía, observando, básicamente tomó de la Ley Orgánica del Tribunal Supremo de Justicia de 2004 el aspecto referido a la inadmisibilidad de la demanda, ratificando en los numerales 3 y 7 del artículo 35 tanto la exigibilidad del antejuicio administrativo, así como la inclusión de cualquier otra causal de inadmisibilidad establecida en la Ley.

Finalmente, vale resaltar que el artículo 26 de la CRBV establece la tutela efectiva de los derechos de los justiciables, es decir, impone al juez la obligación de ser tutor y garante de los derechos y garantías de los ciudadanos dentro del proceso, obviamente a los fines de lograr la existencia de un Estado Social de Derecho y de Justicia, y para ello se establece la exigencia en la prontitud de la decisión correspondiente. Situación que se logra no solo con la sentencia definitiva sino con su consecuente ejecución, ya que solo así podremos hablar de una verdadera justicia efectiva y un verdadero Estado de Derecho.

2. Medios Alternos de resolución de conflictos

El Capítulo IV del Título V de la Constitución de la República Bolivariana de Venezuela denominado «Del Poder Judicial y del Sistema de Justicia», se establecen igualmente ciertos lineamientos que deben seguir los jueces y también el legislador puesto que consagra mandatos muy específicos respecto de las disposiciones que deben disponerlas leyes en materia procesal. Así, tenemos que el artículo 257 *eiusdem* establece que el procesó es un instrumento fundamental para la realización de la justicia, de allí que exija que las leyes procesales establezcan la simplificación, uniformidad y eficacia de los trámites, así como la adopción' de un procedimiento breve, oral y público.

La referida norma debemos analizarla de manera concatenada con el ya estudiado artículo 26, puesto que esa simplificación y eficacia del proceso no es más que la celeridad y efectiva resolución del mismo, de allí que el legislador en razón no, solo de los referidos artículos, sino además por mandato expreso del artículo 258 que establece en su segundo párrafo que *«La ley promoverá el arbitraje, la conciliación, la mediación y cualesquiera otros medios alternativos para la solución de conflictos»*, debe procurar a la hora de conformar las normas procesales un procedimiento expedito y adecuado a la consecución de la justicia.

Para el procesalista Rengel Romberg (1999) la autocomposición o resolución convencional de la controversia, antes que un modo anormal de terminación del proceso, constituye un subrogado (substituto) de la sentencia «... *de gran valor en los procesos de tipo dispositivo, por la economía y la celeridad que introducen en la solución de las controversias...*» (p. 330).

De modo que, más que por el artículo 258 es realmente en virtud del artículo 26 donde surge la obligación y mandato constitucional sobre los jueces de la República para procurar aún con la ausencia de un mandato expreso de Ley -entiéndase, cuando dichos medios alternativos no formen parte integrante y por ende obligatorio del proceso, como ocurre en la mayoría de las acciones y pretensiones del derecho procesal administrativo, donde puede ponerse como excepción el recurso contencioso administrativo funcionarial que sí prevé la posibilidad de conciliación, sin embargo, debe agregarse que la Ley Orgánica de la Jurisdicción Contencioso Administrativo, prevé en su artículo 6 la posibilidad de hacer uso de los medios alternos de resolución de controversias-, la resolución de los conflictos a través de mecanismo de autocomposición procesal, puesto que, en ciertos casos, podrían resultar mucho más eficaces e idóneos, a la consecución de los fines que propugna nuestra Carta Magna.

Así, la Ley Orgánica del Tribunal Supremo de Justicia prevé como disposición general de los procesos que se desarrollen ante dicho órgano jurisdiccional concretamente en su artículo 88 que *«Los medios alternativos para la resolución de conflictos podrán utilizarse en cualquier grado y estado del proceso, salvo que se trate de materia de orden público, o aquellas no susceptibles de transacción o convenimiento, de conformidad con la Ley»*, lo que corrobora la tendencia legislativa en pro de los medios alternos de controversias.

Cuando nos referimos a los mecanismos o medios alternativos de resolución de conflictos (MARC), se trata de procedimientos cuyo resultado tienen el mismo fin y eficacia de la sentencia, con la simple diferencia que en éste caso dicha decisión se origina en la voluntad concordada de ambas partes o bien en la declaración unilateral de una de ellas.

De esta forma, Ormachea Choque, I. (2000) examina los cinco argumentos que subyacen a los MARCs, considerando lo siguiente:

> «... los MARCs inciden en grado diverso en posibilidades de solución a los conflictos en forma flexible, creativa, rápida, humana, económica, no traumática, no estatal y más adecuada a las necesidades de los directamente involucrados y/o de la sociedad en su conjunto...» (p. 4).

Por otra parte, para Rengel Romberg (1994), en nuestro ordenamiento jurídico la autocomposición procesal comprende básicamente dos especies: a) Bilaterales (Transacción y conciliación) y b) Unilaterales (desistimiento y convenimiento de la demanda), las cuales se encuentran limitadas en los conflictos sobre derechos o relaciones indisponibles, como los relativos al estado y capacidad de las personas y, en general a las materias de orden público (p. 329 y 330).

En cuanto a los mecanismos bilaterales, contamos con dos casos, la transacción es definida por el artículo 1.713 del Código Civil como «*...un contrato por el cual las partes, mediante reciprocas concesiones, terminan un litigio pendiente o precaven un litigio eventual*». De modo que se presenta como un contrato bilateral, que se configura mediante la composición de la litis a través de recíprocas concesiones entre las partes, constituida por la combinación entre la renuncia de una de las partes y el reconocimiento de la otra dentro una relación jurídica, sea paira poner fin a una controversia en curso o para evitar un litigio eventual.

Por otra parte, la Ley Orgánica de la Jurisdicción Contencioso, Administrativa publicada el 16 de junio de 2010 (reimpresa el 22 del mismo mes y año), introdujo expresamente en su artículo 6 la figura de los medios de, resolución de conflictos, no propiamente como parte integrante de los procesos judiciales allí previstos, pero sí como una posibilidad de hacer uso de los mismos, al establecer que «*Los tribunales de la Jurisdicción Contencioso Administrativa promoverán la utilización de medios alternativos de solución de conflictos en cualquier grado y estado del proceso, atendiendo a la especial naturaleza de las materias jurídicas sometidas a su conocimiento...*».

De tal forma, independientemente de las disposiciones de Ley en materia procesal, podemos afirmar que existe un mandato expreso en cabeza del juez a favor de la celeridad, eficacia y transparencia dentro del proceso, ya que él es el tutor de la justicia efectiva, de allí qué de cualquier modo debe procurar en la medida de sus posibilidades hacer uso de medios alternativos de resolución de conflictos, e interpretar la Ley en el sentido que resulte más favorable a la justicia, a los ciudadanos y sobre todo al derecho a la defensa y seguridad jurídica de las partes.

3. Derecho al amparo

Si bien el marco constitucional venezolano (artículo 27) dispone formalmente el derecho para toda persona a ser amparada por los tribunales en el goce y ejercicio de los derechos y garantías constitucionales, aun de aquellos inherentes a la persona que no figuren expresamente en esta Constitución o en los instrumentos internacionales sobre derechos humanos, se ha dado un giro jurisprudencial en la última década que ha llevado a que el amparo -considerada como acción en la LOADGC- ejercida de manera autónoma se convierta más que en un mecanismo extraordinario, en un medio de excepcional admisibilidad, ello a tenor del numeral 5 del artículo 6 de la LOADGC que dispone que el amparo resultará inadmisible «*... Cuando el agraviado haya optado por recurrir a las vías judiciales ordinarias o hecho uso de los medios judiciales preexistentes...*», supuesto que ha sido resuelto en numerosas ocasiones por los diversos tribunales venezolanos, donde podemos traer a colación la sentencia del 28 de julio de 2000 (caso: Luis Alberto Baca), de la Sala Constitucional del Tribunal Supremo de Justicia, estableció:

> «...si el agraviado hace uso de la apelación, es porque considera que este recurso es el óptimo para lograr el restablecimiento de la situación jurídica infringida, y ante tal escogencia, el amparo que se incoare sería inadmisible a tenor de lo dispuesto en el numeral 5 del artículo 6 de la Ley Orgánica de Amparo sobre Derechos y Garantías Constitucionales».

De igual manera, el presupuesto de admisibilidad anteriormente analizado ha sido igualmente interpretado en el sentido que, existiendo un mecanismo ordinario y no habiéndose hecho uso del mismo, la acción de amparo igualmente resultará inadmisible, puesto que, a criterio de la Sala Constitucional se pretendería sustituir la acción ordinaria con una de ejercicio extraordinario, tal y como se sostuvo en el caso de *Emery Mata Millán*, del 20 de enero de 2000, y muchas otras sentencias, donde podemos citar la N° 1134 del 14 de junio de 2004, de la Sala en referencia, al sostener lo siguiente:

> «En el presente caso, esta Sala juzga que el accionante, utilizó la acción de amparo en sustitución de los medios judiciales ordinarios, -medios idóneos- para el restablecimiento de la situación presuntamente infringida, desvirtuando la acción de amparo constitucional. Por tanto, esta Sala considera, que la acción resulta inadmisible de conformidad con lo dispuesto en el numeral 5 del artículo 6 de la Ley Orgánica de Amparo sobre Derechos y Garantías Constitucionales, tal y como lo ha declarado en anteriores oportunidades (Sentencias 1591 del 16-06-03 y 1995 del 22-07-03)».

Con el criterio expuesto se ha logrado reducir en los últimos años el margen de actuación para la acción autónoma de amparo constitucional, cuyo más común *presunto agraviante* resultaba ser el Estado, contra el cual hay lugar bien a la demanda de nulidad contra actos administrativos, demanda patrimonial ante daños y perjuicios, abstención o carencia bien para las omisiones, vías de hecho y controversias que impliquen servicios público, entre otras acciones ordinarias especiales, lo que nos llevaría a estimar que en pocas ocasiones resultará admisible una acción autónoma de amparo, ya que casi siempre existirá un mecanismo ordinario que haga posible, en conjunción con el amparo cautelar o medidas cautelares, la restitución de los derechos y garantías constitucionales del presunto agraviado.

De manera que la disposición prevista en el artículo 5 de la LOADGC, que precisamente abre la posibilidad de ejercer la acción autónoma de amparo contra actos administrativos, ha quedado esencialmente sin aplicación práctica, salvo que en algún excepcional caso, donde se denote urgencia frente a una actuación u omisión del Estado, se pueda inobservar la existencia de la vía ordinaria en atención del justiciable.

4. La efectividad del proceso judicial como derecho humano

Las tendencias legislativas, jurisprudenciales y doctrinales, han procurado en las últimas décadas abocarse en la construcción del Estado Democrático de Derecho, donde cualquier ciudadano en cualquier lugar del mundo tenga la posibilidad de hacer valer sus derechos inherentes a la persona humana, a la dignidad, en condiciones que hagan posible su desarrollo y bienestar general.

En tal sentido, la Declaración Universal de los Derechos Humanos ha previsto el ámbito fundamental de los derechos del hombre, en pro de una sociedad justa que proscriba el abuso de poder, la discriminación y, en definitiva, la injusticia. Para ello es reiterado que *«... solo puede realizarse el ideal del ser humano libre, exento del temor y de la miseria, si se crean condiciones que permitan a cada persona gozar de sus derechos económicos, sociales y culturales, tanto como de sus derechos civiles y políticos...»* (Subrayado añadido).

En efecto, debe estimarse que los referidos postulados no pueden limitarse, simplemente a ser promulgados en el ordenamiento jurídico, sino que deben resultar efectivos a todos los hombres en condiciones de igualdad, de allí que resulte indispensable un Sistema de Administración de Justicia efectivo, que resulte capaz de garantizar las resultas de los procesos judiciales y que garantice además, su fiel cumplimiento, elementos previstos en la referida Declaración, concretamente en su artículo 2, donde ha sido sostenido lo siguiente:

> «Si el ejercicio de los derechos y libertades mencionados en el artículo 1 no estuviere ya garantizado por disposiciones legislativas o de otro carácter, los Estados Partes se comprometen a adoptar, con arreglo a sus procedimientos constitucionales y a las disposiciones de esta Convención, las medidas legislativas o de otro carácter que fueren necesarias para hacer **efectivos** tales derechos y libertades». (Subrayado y resaltado añadido)

Con base en lo previsto anteriormente, resulta esencial que los órganos del Poder Público, actúen en función de garantizar la protección de los derechos inherentes a la persona humana, como la vida, la justicia, pero igualmente aquellos que involucran la propiedad privada y la libertad económica, en condiciones de inminente seguridad jurídica, dado que ello es un presupuesto básico para el desarrollo del hombre.

Lo precedente ha sido analizado por el Sistema Interamericano de Derechos. Humanos, donde es planteado en el marco del derecho a la tutela judicial efectiva, que uno de los obstáculos que se presentan para la exigibilidad de los derechos económicos, sociales y culturales es la falta de mecanismos judiciales adecuados para su tutela, haciendo particular referencia a que la falta de recursos adecuados y efectivos en el orden jurídico interno de los Estados para tutelar los, derechos económicos, sociales y culturales, vulnera las normas de los instrumentos internacionales de derechos humanos que consagran el derecho de acceder a tales recursos, y en consecuencia, a aquellos derechos.

De este modo, la Comisión Interamericana de Derechos Humanos, ha sostenido en su trabajo *El acceso a la justicia como garantía de los derechos económicos, sociales y culturales. Estudio de los estándares fijados por el Sistema Interamericano de Derechos Humanos*, que la Convención Americana instituye el derecho a una garantía judicial específica, destinada a proteger de manera efectiva a las personas frente a la violación de sus derechos humanos. Así, el artículo 25 del referido instrumento internacional consagra el derecho a contar con *recursos sencillos, rápidos y efectivos contra la vulneración de derechos fundamentales.*

A. De la efectividad de los recursos judiciales como presupuesto de protección de los derechos humanos

Vale resaltar que el Sistema Interamericano de Derechos Humanos, ha previsto, como presupuesto inherente al derecho a la tutela judicial efectiva que: (i) sea establecida una obligación estatal de crear un recurso sencillo y rápido, primordialmente de carácter judicial, aunque otros recursos son admisibles en la medida en que sean efectivos, para la tutela de «derechos fundamentales» contenidos en la Convención, en la Constitución o en la ley; (ii) exige que el recurso sea efectivo; (iii) estipula la necesidad de que la víctima de la violación pueda interponerlo; (iv) exige al Estado asegurar que el recurso será considerado; (v) señala que el recurso debe poder dirigirse aún contra actos cometidos por autoridades públicas, por lo que el recurso también es susceptible de ser dirigido contra actos cometidos por sujetos privados; (vi) compromete al Estado a desarrollar el recurso judicial; y (vii) establece la obligación de las autoridades estatales de cumplir con la decisión dictada a partir del recurso, todo ello de conformidad con los artículos 2,25 y 1.1 de la Convención Americana.

Así, agrega el estudio en referencia, que el artículo 2 de la CADH requiere que el Estado adopte medidas, incluidas las legislativas, para garantizar los derechos establecidos por ese instrumento que aún no lo estuviesen, lo que *incluye «... el derecho a un recurso efectivo en caso de afectaciones individuales o colectivas a derechos económicos, sociales y culturales...»*. Ciertamente, el derecho constitucional a la tutela judicial efectiva se encuentra previsto en nuestro ordenamiento jurídico, no solo en el marco constitucional, sino igualmente existen acciones judiciales para controlar las actuaciones de los entes y órganos del Poder Público, aunado a la regulación de los mecanismos de protección cautelar.

Lo precedente tiene particular relevancia en el ámbito del derecho procesal administrativo, puesto que, el acto administrativo ostenta dos caracteres fundamentales como son la ejecutividad y ejecutorie dad, la primero conlleva a que el acto administrativo se vale por sí mismo, en el sentido que de su contenido se desprende la situación jurídica que será creada, modificada o extinguida, sin que sea, necesario obtener ningún otro tipo de decisión para proceder a la ejecución del contenido del acto, mientras que la segunda, implica la posibilidad de hacer uso de la fuerza pública, esto es, hacer uso del

Poder, de *Imperium* del Estado, en aras de hacer cumplir su decisión, que como sabemos, representa la ejecución del derecho. Por lo tanto, de no resultar el' proceso judicial un conjunto de mecanismos y procedimientos efectivos, tanto las medidas cautelares y obviamente la pretensión principal resultarán una simple quimera del sistema de administración de justicia.

Como consecuencia de. este tipo de circunstancias, la Convención Interamericana de Derechos Humanos, sostiene que los Estados Partes se encuentran obligados, por los artículos 25 y 1.1 de la Convención Americana, a establecer un sistema de recursos internos sencillos y rápidos, y a dar aplicación efectiva a los mismos, por ello, ejercer una demanda de nulidad contra un acto administrativo que probablemente va a ser ejecutado en tu totalidad antes que se dicte sentencia definitiva, no puede ser considerado un recurso efectivo, y ello deviene no por el hecho de que el ordenamiento jurídico carezca de esos mecanismos, sino por la ejecución práctica que, en muchas ocasiones, el Poder Judicial ha dado a los mismos.

Tal y como sostiene el Sistema Interamericano de Derechos Humanos (2007), el concepto de «efectividad» de las acciones judiciales (y demás recursos dirigidos a la protección de derechos constitucionales) presenta dos aspectos: uno de carácter normativo y, el otro, de carácter *empírico*. El primero de ellos se vincula con la llamada «idoneidad» del recurso. La «idoneidad» de un recurso representa su potencial «*...para establecer si se ha incurrido en una violación a los derechos humanos y proveer lo necesario para remediarla...*», y su capacidad de «*... dar resultados o respuestas a las violaciones de derechos humanos...*». La CIDH ha analizado este tema ya desde sus primeros pronunciamientos. Así, en el Caso Velásquez Rodríguez, la Corte sostuvo que, de acuerdo a los principios del derecho internacional generalmente reconocidos, los recursos judiciales deben existir no solo formalmente, sino que deben ser efectivos y adecuados. El tribunal destacó lo siguiente:

> Que sean adecuados significa que la función de esos recursos, dentro del sistema de derecho interno, sea idónea para proteger la situación jurídica infringida. En todos los ordenamientos existen múltiples recursos, pero no todos son aplicables en todas las circunstancias (...) Así lo indica el principio de que la norma está encaminada a producir un efecto y no puede interpretarse en el sentido que no produzca ninguno o su resultado sea manifiestamente absurdo o irrazonable (...) Un recurso debe ser, además, eficaz, es decir, **capaz de producir el resultado para el que ha sido concebido.** (Subrayado y resaltado añadido).

Con base en el criterio de la Corte Interamericana de Derechos Humanos, si la acción judicial contra la Administración no es capaz de salvaguardar los derechos del justiciable, pues sencillamente no se trataría de un recurso efectivo. Es por ello que la CIDH ha previsto no solo el presupuesto *normativo* de la presencia de medios o acciones judiciales para garantizar los derechos fundamentales de los ciudadanos, sino que además ha hecho énfasis en el elemento *empírico*, en el sentido que, las condiciones políticas e institucionales deben procurar que un medio previsto legalmente sea capaz de «cumplir con su objeto» u «obtener el resultado para el que fue concebido».

En este segundo sentido, estima la CIDH (2007) que un recurso no es efectivo cuando es «ilusorio», demasiado gravoso para la víctima, o cuando el Estado no ha asegurado su debida aplicación por parte de sus autoridades judiciales, tal y como se sostuvo en la siguiente decisión de ese organismo:

> «No pueden considerarse efectivos aquellos recursos que, por las condiciones generales del país o incluso por las circunstancias particulares de un caso dado, resulten ilusorios. Ello puede ocurrir, por ejemplo, cuando su inutilidad haya quedado demostrada por la práctica, porque el Poder Judicial carezca de la independencia necesaria para decidir con imparcialidad o porque falten los medios para ejecutar sus decisiones; por cualquier otra situación que configure un cuadro de denegación de justicia, como sucede cuando se incurre en retardo injustificado en la decisión; o, por cualquier causa, no se permita al presunto lesionado el acceso al recurso judicial».

De esta forma, resulta más que evidente que la simple incorporación de derechos y mecanismos procesales en el ordenamiento jurídico no conllevan necesariamente a la protección de los derechos y garantías constitucionales de los ciudadanos, dado que resultará necesaria su práctica real y eficiente, es decir, que se garantice justicia y restitución de la situación jurídica infringida del justiciable para que pueda aseverarse que un Estado cuenta con un verdadero sistema de administración de justicia.

B. De la protección cautelar en el Sistema Interamericano de Derechos Humanos (SIDH)

En virtud de lo precedentemente expuesto, el SIDH ha considerado la necesidad de que las herramientas judiciales prevean mecanismos como las medidas precautorias, provisionales o cautelares en virtud de su celeridad para la tutela de derechos, con miras a impedir que las violaciones se prolonguen en el tiempo. Lo anterior, aún cuando la determinación acerca del fondo, de la cuestión, requiera de un período más extenso.

Ciertamente, resulta razonable, que el ejercicio de esos mecanismos presupongan una serie de requisitos para su procedencia, que en caso del ordenamiento jurídico venezolano se denominan *fumus boni iuris* y *periculum in mora* para las medidas nominadas, agregándose el *periculum in damni* en caso de medidas innominadas, lo que conllevaría a que, una vez cumplidos los extremos legales, la medida resulte procedente y sirva para proteger de forma efectiva e inmediata al justiciable, evitando que el fallo definitivo resulte ilusorio. Así, la CIDH ha descrito ciertas características básicas que los mecanismos cautelares deben presentar a fin de ser considerados «idóneos»:

- Que se trate de mecanismos sencillos, urgentes, informales, accesibles y tramitados por órganos independientes;
- Que se cuente con la posibilidad de acceder a instancias judiciales federales o nacionales ante la sospecha de parcialidad en la actuación de los órganos locales;
- Que se garantice una legitimación activa amplia;
- Que puedan tramitarse como mecanismos individuales e igualmente, como medios cautelares colectivos (para proteger a un grupo determinado o determinable conforme a ciertos parámetros, afectado o bajo situación de riesgo inminente); y
- Que se prevea la aplicación de medidas de protección en consulta con los afectados.

De esta forma, al trasladar lo anteriormente expuesto al derecho procesal administrativo, donde esencialmente se busca lograr la salvaguarda de los derechos y garantías del ciudadano frente a actuaciones del Estado, resulta trascendental para la efectividad del proceso un estudio adecuado y favorable al justiciable en materia de medidas cautelares, puesto que al enfrentarse el particular a un ente público que cuenta con numerosas prerrogativas procesal, y que además sus actos ostentan ejecutividad y ejecutoriedad, podría afirmarse que sin un análisis que estime verdaderamente los intereses en juego y consecuencias que se suscitarían entre las partes, ante la fuerza que detenta el acto administrativo, pues sencillamente ni los derechos ni las pretensiones judiciales que hayan sido previstas en el ámbito jurídico podrán ser catalogadas como efectivas.

III

DE LA JURISDICCIÓN CONTENCIOSO ADMINISTRATIVA EN EL ORDENAMIENTO JURÍDICO VENEZOLANO

Una vez que nos adentramos propiamente en la conformación de la denominada Jurisdicción Contencioso Administrativa, precisamente como órgano judicial integrante del Poder Judicial que controla las actuaciones del Poder Ejecutivo, resulta relevante destacar inicialmente lo que señalaba Neher, J.A. (1989) con relación a la recepción y ejecución del principio de separación de poderes en el sentido que *«en lo tocante al control jurisdiccional de la administración, hubo de ser interpretado y aplicado por el constituyente y legislador en cada uno de los Estados, que acogieron tal principio, lo cual, dadas las especiales características de cada Nación, condujo a la creación de sistemas distintos de control jurisdiccional de la administración»* (p. 6).

Lo precedente viene a colación ya que si bien en la mayoría de los países occidentales podemos probablemente conseguir un conjunto de órganos jurisdiccionales encargados de ejercer la jurisdicción contencioso administrativa, sin embargo, no siempre se estructuraron y desarrollaron orgánicamente bajo el modelo francés, pudiendo incluso conllevar a ciertas contradicciones en cuanto a su denominación y sustantivación, al menos desde la perspectiva venezolana.

Ahora, para comprender el advenimiento de la denominada Jurisdicción contencioso administrativa, resulta necesario trasladarse a la Europa del siglo XVIII y XIX, donde el poder del Estado era encarnado esencialmente por el monarca, estructura que sufre una profunda evolución ante un relevante cambio no solo en países donde se vivió una revolución en contra de la monarquía (Francia 1789), sino también en aquellos donde se asumió un sistema liberal, como sería el caso del denominado antiguo Régimen de España hacia el llamado Estado Liberal (1812), el cual, mediante el *principio de división de poderes,* llevó a cabo la modificación de las estructuras institucionales, tal y como lo reseña Juan Ramón Fernández Torres (1998) en su obra La Formación Histórica de la Jurisdicción Contencioso Administrativa, en los términos siguientes:

«La confusión orgánica de los poderes públicos cede su lugar en 1812 a la racionalización de la distribución y del ejercicio del poder, y por ende, a la consiguiente separación y especialización de órganos con funciones netamente diferenciadas. De este modo, las facultades gubernativas y contenciosas quedan asignadas, por vía de principio, a la Administración y a los Tribunales del orden jurisdiccional común, respectivamente.» (p. 90 y 91).

Vemos como el principio de separación de poderes comienza a presentarse como una herramienta y garantía que procura evitar la acumulación del poder en una o pocas personas, generando -cuando menos desde la perspectiva teórica- participación ciudadana, siendo que esa especialización de los órganos que vendrían a componer las ramas del Poder Público y su clara delimitación entre ellas, llevaría según Fernández Torres (1998).un «... *inexorable proceso de desapoderamiento paulatino de los órganos judiciales comunes respecto del conocimiento y resolución de los asuntos propios de la Administración Pública...*» y que en el caso de España culminaría con la configuración de los Tribunales contencioso administrativos en 1845. (p. 91 y 92).

De esta forma, con base en la teoría del Juez Ministro y ante el temor de que el Poder Judicial ejerciera actividad administrativa a través del juzgamiento de la Administración, se maneja la idea trasladar el conocimiento de este tipo de controversias a órganos de naturaleza jurisdiccional hacia el Poder Ejecutivo, suceso que es igualmente comentado por Fernández Torres (1998):

«El puro pragmatismo y la comodidad al inicio, y el temor después a que los jueces y Tribunales comunes, con su tenaz salvaguardia de los derechos individuales, puedan obstaculizar la acción de la Administración Pública y por extensión conducir a la ruina el proyecto regenerador de la estructura básica del Estado (...), impulsan a los gobernantes a sustraer de modo paulatino más y más campos de actuación propia de la esfera de control de aquellos. El falseamiento de la convencional antinomia gubernativo-contencioso, la interdicción de la vía interdictal contra providencias gubernativas de las autoridades locales, la conservación de juzgados privativos y jurisdicciones administrativas especializadas, etc., constituyen otros tantos vehículos de ese notabilísimo trasvase de materias que se opera desde los círculos judiciales hacia la propia Administración, y que deja yermos de contenido a los primeros.» (p. 209).

De esta manera, no solo con base en el principio de separación de poderes y la eventual obstaculización de la actividad administrativa, sino además la idea de garantizar una fuerte, eficaz e independiente jurisdicción frente a las otras ramas del Poder Público como frente a los cambios políticos que se suscitaran «*motiva que de modo simultáneo se comience a divulgadla idea de la oportunidad de crear unos tribunales contencioso-administrativos que asuman las funciones hasta entonces desempeñadas por los órganos judiciales ordinarios*». Fernández Torres (1998), (p. 210).

Del mismo modo, en el origen de esos órganos jurisdiccionales especiales, vale la pena destacar lo señalado por Penagos G. (2009), sobre los principios políticos de la Revolución Francesa, así como la confusión surgida entre el Antiguo Régimen y la Justicia Administrativa:

> «Después del reglamento del 15 de septiembre y 3 de enero de 1673, el Consejo de Estado del Rey fue dividido en varios tipos de formaciones: unas fueron los 'Consejos de Gobierno', que posteriormente, se convirtió en 'Consejo de Gabinete', el Consejo de Demandas y de Finanzas; ambos consejos fueron Consejos de Justicia.
>
> (*omissis*)
>
> Pero en el 'Antiguo Régimen' se practicaba una verdadera confusión de principios entre administración y contencioso. Era muy común que las secciones que componían el Consejo de Estado, de aquélla época, conocieran de reclamaciones de las jurisdicciones especiales, muy numerosas en el siglo XVIII, o bien contra decisiones de los intendentes, que proveían en materia contenciosa. He aquí la razón, por la cual se ha dicho que una verdadera justicia administrativa aparece después del siglo XVIII». (p. 69 y 70)

Así, continúa señalando Penagos G. (2009) que en vísperas de la Revolución Francesa, el denominado Consejo de Estado administraba una justicia controlada y subordinada al Rey, conocida *como Justicia Retenida*, situación que cambió con la Revolución, privando al Rey de sus poderes judiciales mediante la Ley 27 de noviembre de 1790, transfiriéndolos paralelamente al Tribunal de Casación. De esta forma, la proclamación del Principio de Separación de las autoridades administrativas y judiciales, tiene lugar en la Ley del 16 y 24 de agosto de 1790, generando un cambio que «*... desde dicho año se sentó el principio que la 'administración no debía ser controlada por los Tribunales ordinarios'...*» (p. 76 y 77).

En ese orden de acontecimientos, la Ley 27 de abril de 1791 suprime el Consejo del Rey organizando «*... en forma embrionaria una especie de Consejo de Estado, y un Consejo de Ministros...*» al que le fue confiado el conocimiento de los asuntos concernientes al ejecutivo, sin embargo, tal y como sostiene Penagos G. (2009) «*... la experiencia de varios años comprobó que una justicia administrada por hombres dedicados a la actividad política dejaba mucho que desear...*». En virtud de esa experiencia, es creado en el año 1799 «*... por inspiración de Napoleón Bonaparte...*» el Consejo de Estado con independencia de los otros órganos del Estado (p. 71).

Prosigue Penagos G., agregando que de las Leyes de 27 de abril y mayo 25 de 1791, se fijaron las competencias del Consejo de Estado que aún perduran: (i) Examen de las dificultades y la discusión de los negocios del ejecutivo, como órgano asesor y (ii) La anulación de los actos irregulares de los cuerpos administrativos, así como la suspensión de sus miembros conforme a la ley (p. 77).

De esta forma, concluye el referido autor que el régimen administrativo así concebido, no surge en nuestro continente hasta finales de! siglo XVIII y principios del XIX «... *sin embargo, aunque realmente no se contemplaba una división de Poderes, mostraban entre sí algunas diferencias, apareciendo siempre órganos delegados del Poder del Rey*...», estimando igualmente el autor que las funciones administrativas resultaban escasas ante la poca existencia de servicios públicos. Finalmente expone Penagos G., lo siguiente:

> «El régimen administrativo actual.es un régimen legal y de garantías jurídicas. No puede actuar fuera de la ley. Si a la vez es un régimen de político liberal, se pueden ejercer todos los derechos que no estén taxativamente prohibidos por la ley (...) En cambio, en un régimen político de Policía no pueden ejercerse derechos que no estén permitidos por especial autorización» (p. 79).

En efecto, el surgimiento de la denominada Jurisdicción contencioso administrativa resulta no solo de las ideas revolucionarias de separación de poderes, sino igualmente del temor de esos revolucionarios de asegurar la distinción y autonomía de las funciones .que correspondían a los diferentes órganos y ramas del Poder Público, generando con ello, la creación de unidades jurisdiccionales dentro del Ejecutivo, buscando así impedir que los jueces del Poder Judicial perturbaran o se subsumieran en la actividad administrativa.

De hecho, será el sistema francés de división de poderes y, particularmente su conformación del contencioso administrativo, lo que llevará a que diversos países tanto, del viejo como del nuevo continente, asuman al menos como denominación la llamada «jurisdicción contencioso-administrativa», aun cuando su organización difiera, en algunos casos, de la estructura francesa.

En efecto, resulta incuestionable la incidencia que generó Francia en la conformación de los tribunales de justicia administrativa en diversos países occidentales, europeos y latinoamericanos principalmente. Podemos traer a colación como hacia mediados del Siglo XIX en España se procura instaurar un orden jurisdiccional contencioso administrativo bajo las premisas del sistema francés. Fernández Torres nos indica lo siguiente:

> «En realidad, la voluntad de instituir tanto unos órganos como tinos cauces específicos para ventilar las controversias con la Administración, independientes de los arbitrados a través de los pertenecientes a la jurisdicción ordinaria, se expresa en un número considerable de ocasiones antes de su materialización definitiva en 1845 -la recepción del modelo de organización francesa se reputa primordial en este proceso…» (p. 212).

Sin embargo, para algunos autores la organización del sistema de justicia administrativa es irrelevante a la hora de referimos al fin perseguido, esto es, el control de legalidad de la Administración y salvaguarda del justiciable. En este orden de ideas, podemos mencionar a González Pérez (1985), quien sostiene que la *«jurisdicción administrativa»*, como tal, no nació en aquellos países que la atribuyeron a órganos encuadrados en la Administración «... *sino después de una progresiva independencia y procesalización de tales órganos...»* (p. 43).

En igual sentido, vale destacar las palabras que de seguidas expone el autor antes referido, quien indica que al ser objeto de enjuiciamiento la actividad del propio Estado, la organización de la jurisdicción constituye «... *un problema político que ha envenenado la cuestión, dando lugar a distintos sistemas...»*. Así, fue un asunto político el sustraer el control jurisdiccional de las actuaciones del Estado del Poder Judicial, para crear nuevos órganos jurisdiccionales dentro de la propia Administración «... *que solo a través de una lenta y progresiva evolución, ha logrado -y más de hecho que de derecho- la independencia mínima exigida para poder hablar de una verdadera jurisdicción administrativa...»* (p. 44).

1. «Jurisdicción» Contencioso Administrativa en Venezuela

En principio la «Jurisdicción Contencioso Administrativa» venezolana se conforma jurídicamente bajo los tradicionales preceptos del sistema europeo (principalmente Francia), donde -nos refiere Fernández Torres (1998)- se estimaba, en sus inicios, que para que tuviera lugar el ejercicio del contencioso administrativo debían observarse tres requisitos: 1. Acto administrativo; 2. Derecho ofendido y menoscabado; 3. Preexistencia de este derecho (p. 369).

Lo anterior ha evolucionado hacia una visión más amplia reconociendo como presupuesto de acceso a la justicia administrativa la existencia de una actuación de la Administración, en el sentido que no es necesario que exista un acto administrativo formalmente concebido, se atiende igualmente a la vía de hecho y cualquier actuación u omisión que genere agravio en el ciudadano, así como también actualmente se procura salvaguardar un interés jurídico y no exclusivamente un derecho subjetivo personal y directo, todo ello en aras de tutelar de forma amplia los derechos constitucionales del justiciable frente al Poder Público. Así vemos como la vigente LOJCA dispone en su artículo 29 que *«Están legitimadas para actuar en la Jurisdicción Contencioso Administrativa todas las personas que tengan un interés jurídico actual»*. Mucho más amplio que lo contemplado en el artículo 112 y 121 de la derogada LOC5J que disponía que en caso de tratarse de impugnación de actos de efectos generales, resulta indispensable que el accionante se viese afectado en sus derechos e intereses legalmente reconocidos, mientras que la legitimidad para impugnar actos de efectos particulares requería de un interés legítimo, personal y directo.

Del mismo modo, vemos que para otros autores el contencioso administrativo supone «*...I. una controversia entre el interés público y un derecho privado, o una cuestión en que sean partes el individuo y la sociedad...»*, ello expuesto por Fernández Torres en referencia a M. Colmeiro, trayendo también a referencia a A. Olivan quien sostenía que «... *son asuntos contenciosos aquéllos en los cuales hay oposición legítima entre el interés público y el privado, entre el individuo y la* *sociedad...»*, concluyendo que «... *Lo contencioso administrativo supone siempre lesión de un derecho perfecto y absoluto...»* (p. 370 y 371).

Ahora bien, al momento de hacer el estudio específico de la *Jurisdicción Contencioso Administrativa* venezolana, conviene referimos al profesor Araujo Juárez en su obra *Principios Generales del Derecho Procesal Administrativo* (2004), donde analiza precisamente la confusión y, probablemente, la errada aplicación de la denominación que se le otorga a los tribunales que conocen de conflictos derivados de la Administración, señalando inicialmente que «contencioso administrativo» y «derecho procesal administrativo» significan, en principio, lo mismo, por cuanto, se refieren a controversias sobre materias regidas por el derecho administrativo que se ventilan ante los tribunales (p. 77 y ss.).

Así, continúa reseñando el autor, que el vocablo contencioso administrativo tuvo su origen en los tribunales administrativos franceses de esa denominación, encargados de resolver litigios entre el Estado y los ciudadanos, cuya creación tuvo lugar en el propio principio de división (distribución) de poderes, donde los órganos judiciales no debían inmiscuirse bajo ninguna circunstancia en los asuntos relativos a la Administración. La obra en referencia señala concretamente la Constitución francesa de 1791, así como la ley del 16 de Fructidor Año III, donde expresamente se dispuso que *«se prohíbe intervenir a los tribunales de conocer los actos de la Administración, de cualquier especie que ellos sean»*.

Es por ello que surge la teoría del juez-ministro o ministro-juez, puesto que, era entendido en el profundo deseo de procurar una estricta separación de las ramas que conformaban el Poder Público, establecer el control de legalidad de los actos administrativos a órganos de naturaleza jurisdiccional, pero que fueran integrantes del Poder Ejecutivo y no así del Poder Judicial, ello con base en el dicho *juzgar a la administración es también administrar.*

Continúa el autor en referencia exponiendo que a pesar de esta diferencia estructural de regímenes, el referido término pasó a usarse en países influenciados por el sistema de derecho administrativo francés. Agregando que el término «contencioso-administrativo», une dos conceptos: 1) contencioso, entendido como contienda o litigio y 2) administrativo, que sería la sustantivación de Administración. Así, la unión de ambas palabras significaba litigio administrativo, *«... pero como debía tramitarse ante órganos que formaban parte de la Administración, se llamó a la actividad correspondiente 'jurisdicción contencioso administrativa'...»* (p. 78).

De este modo, pasemos a examinar la noción y estructura de la «jurisdicción» contencioso administrativo en nuestro ordenamiento jurídico.

A. De la conformación constitucional

En la Constitución de la República Bolivariana de Venezuela, se encuentra efectivamente prevista la figura de la «jurisdicción contencioso administrativa» (artículo 259), sin embargo, a diferencia de lo que su concepto implica, no se encuentra realmente desarrollada ni legislativa ni orgánicamente como una jurisdicción especial, incluso no es necesariamente contenciosa, tal y como podría ocurrir ante ciertas pretensiones por abstención u omisiones de la Administración donde no necesariamente debe surgir un contradictorio, regulando además los artículos 65 y siguientes de la LOJCA que el Tribunal de la causa requerirá al Estado la presentación de un informe sobre los hechos, mas no así una contestación, buscándose ante todo en la audiencia oral la conciliación (Vid. Artículo 70 de la LOJCA).

De hecho, aún cuando hay una tendencia clara a la subjetivización del proceso judicial administrativo, ciertas pretensiones como sería la anulación de actos administrativos sustanciada a través de la denominada demanda de nulidad, continúan siendo consideradas por algunos como procesos objetivos, por cuanto, se entiende como una causa contra un acto administrativo y no contra un sujeto (organización personificada), sin embargo, cada vez es más común observar el análisis de la pretensión -y no de la acción en sentido abstracto- por parte del Órgano jurisdiccional como presupuesto de admisibilidad, llegando en algunos casos el operador jurídico al extremo de reconducir la acción originalmente propuesta por el justiciable, pudiendo hacer referencia a la sentencia N° 2011-312 del 17 de marzo de 2011, donde la Corte Primera de lo Contencioso Administrativo, estimó que la demanda de nulidad ejercida por la parte actora debía ser considerada como una demanda por daños y perjuicios y sustanciada bajo esos términos, ello tomando como base jurisprudencial la sentencia N° 00200 del 07 de febrero de 2007, de la Sala Político Administrativa del Tribunal Supremo de Justicia, todo ello en los términos siguientes:

> «... En efecto, conforme a dicho aforismo 'el derecho lo sabe el Juez', lo que quiere decir que a éste corresponde la aplicación del derecho a los asuntos sometidos a su conocimiento, de tal manera que los tribunales no están ligados a la ignorancia, error o a la omisión de las partes en lo que se refiere a la aplicación o calificación de los recursos o del derecho, pudiendo el Juez modificar la calificación jurídica de la acción incoada (aunque no los hechos invocados)...».

Las decisiones precedentes se separan del clásico sistema de acciones, para aproximarse a un sistema de pretensiones, situación que correlativamente busca dirigir el proceso a una organización personificada del derecho público y no simplemente a su manifestación de voluntad. Sin embargo, vemos como todavía el derecho procesal administrativo venezolano se desarrolla bajo la LOJCA, como un sistema donde para cada objeto perseguido por el justiciable hay una acción delimitada y nominada que debe seguir un procedimiento igualmente determinado y correlativo a la acción elegida. Por otra parte, la LOJCA emplea el término pretensión de forma expresa en materia de condena, daños y perjuicios y controversias surgidas en ocasión de la responsabilidad contractual o extracontractual (ver artículos 9, 23 y 33).

Sobre este punto ya se ha hecho referencia en nuestra doctrina, pudiendo hacer referencia a Espinoza A. (2009), quien a la hora de analizar la idoneidad de la acción o de la pretensión deducida en el contencioso administrativo, sostuvo lo siguiente:

> «Aún cuando en el contencioso-administrativo venezolano aún se distingue entre los diversos tipos de acciones, la más calificada doctrina procesalista considera tal denominación carente de sentido y de utilidad, [1] en razón de que la acción, concebida como derecho subjetivo procesal de las partes, no admite clasificación alguna. [2] De tal forma, el derecho a la tutela judicial que deriva de la titularidad de un derecho o interés jurídicamente protegido no depende del tipo de derecho que reconozca o niegue la sentencia, sino que es más propio hablar de tipos de pretensiones contencioso-administrativas.» (p. 138).

De esta manera, y bajo los parámetros expuestos, se desarrolla constitucionalmente la denominada Jurisdicción contencioso administrativa venezolana, lo que nos dirige a lo dispuesto en el Capítulo 131 «Del Poder Judicial y el Sistema de Justicia», Título V «De la Organización del Poder Público Nacional», lo que permite afirmar que se encuentra prevista como un conjunto de órganos del Poder Judicial.

Por lo tanto, no existe en su ordenación constitucional, así como tampoco en su desarrollo legislativo (Podemos hacer referencia a la derogada LOCSJ o a la derogada LOTSJ, como a la vigente LOJCA), una jurisdicción especial diferente en cuanto a su conformación y organización disímil a la de cualquier otro tribunal de la República, puesto que los tribunales contencioso administrativo, sean estos juzgados municipales, estadales o nacionales, así como las Cortes de lo Contencioso Administrativo e igualmente la Sala Político Administrativa, son órganos jurisdiccionales de la misma naturaleza que un tribunal civil, laboral, de protección de niños, niñas y adolescentes, etc., con sus respectivos juzgados de alzada o de segunda instancia, es decir, son órganos del Poder Judicial, cuyo régimen de competencia sería, en este caso, el derecho administrativo y el funcionamiento de la Administración, así como la de los jueces civiles y mercantiles es precisamente el área civil y mercantil o la de los jueces laborales el derecho laboral.

Ello incluso ha sido examinado por la Sala Político Administrativa de la extinta Corte Suprema de Justicia, en sentencia del 14 de julio de 1970, con ponencia del Magistrado Martín Pérez Guevara (Caso: *Juan Vieira Alves*), que tomamos del trabajo recopilatorio de Brewer-Carías y Luis A. Ortiz Álvarez, *ob. cit.*, donde haciendo un análisis del artículo 206 de la Constitución de 1961 (actual art. 259 de la Constitución de 1999) señaló lo siguiente:

> «... En este artículo se funda, en primer término, el juez requirente para sostener que la acción propuesta ante él, es de la competencia de la Sala Político Administrativa, sin advertir que el objeto de esa disposición es

precisar el alcance de los poderes generales que estarán investidos los tribunales de lo contencioso-administrativo, y por sobre todo, resolver, de una vez, en nuestro país, mediante un precepto constitucional, la polémica que ha dividido a tratadistas y legisladores, tanto en Europa como en América, acerca de la conveniencia de que sean órganos independientes del Poder Judicial, los que conozcan de las cuestiones que se susciten entre los particulares y la Administración con motivo de la actividad propia de ésta, en sus diversos niveles.

Como se indica en la Exposición de Motivos de la Constitución, ésta 'consagra el sistema judicialista de la jurisdicción contencioso-administrativa', apartándose del sistema francés y reafirmando la tendencia tradicionalmente predominante en la legislación nacional, de atribuir el control jurisdiccional de la legalidad de los actos de la Administración a los órganos del Poder Judicial...» (Subrayado añadido), (p. 115).

En efecto, el control de legalidad de los actos administrativos en Venezuela, ha sido referido tradicionalmente al Poder Judicial, pero también ha sido una tradición hacer uso de la denominación de *jurisdicción contencioso administrativa*, en virtud que, es precisamente esa extracción al Poder Judicial, para pasar a conformar un conjunto de órganos de función jurisdiccional en el Poder Ejecutivo, lo que le concede -al menos bajo la concepción francesa de los siglos XVIII y XIX- esa naturaleza especial, y que le permitiría ser llamada Jurisdicción Contencioso Administrativa, y cuyo objeto es distinguirla del resto de los órganos de función jurisdiccional del Poder Judicial, puesto que conocería de los asuntos decididos (o no decididos si se trata de una omisión) en sede administrativa y que generan un agravio en la esfera jurídica del ciudadano, para ser recurridos ante tribunales del propio Poder Ejecutivo, siendo entonces resuelto por éste, el control de legalidad.

Independientemente de lo antes señalado, resulta indiscutible la existencia de tribunales que desempeñan el control de los actos de la Administración, y que ciertamente se denominan en las leyes venezolanas *juzgados contencioso administrativo*, sin embargo, vale analizar y confrontar la clásica denominación procesal traída del derecho francés y que no necesariamente encaja con nuestra organización jurisdiccional, ya que si bien tenemos tribunales especiales para conocer las pretensiones contra la Administración, así como de aquellas presentadas por esta última y otros sujetos que por su naturaleza orgánica o sus actuaciones los haga susceptibles de control ante los tribunales contencioso administrativo (*vgr.* Actos de autoridad), estos no forman parte realmente de *una jurisdicción especial*, el Poder Judicial venezolano busca garantizar con plena autonomía e independencia las funciones que le son propias sin pretender subsumirse en la actividad administrativa y gubernativa y, dentro de esta rama del Poder Público, se estructura igualmente la organización del llamado contencioso administrativo.

B. Principio de Integridad

Observamos entonces que en el Poder Público venezolano no se encuentra prevista una Jurisdicción especial que le corresponda el Contencioso Administrativo, en el propio sentido etimológico que de ella deriva, situación que pudiera generar debate en cuanto a la posibilidad de otorgar competencia por vía legislativa a cualquier tribunal -no necesariamente denominado contencioso administrativo-, para conocer de pretensiones judiciales en contra de actuaciones derivadas de la Administración. No obstante, debemos reconocer igualmente, que con base en los principios del derecho público, las materias consagradas en el artículo 259 de la CRBV, resultan parte integrante del derecho administrativo y, por tanto, deberíamos considerar su control jurisdiccional como integrado a jueces que sean idóneos para el examen y estudio de esas causas.

El profesor Araujo Juárez (2007), señala que el Estado de Derecho implica la máxima posibilidad de justiciabilidad de la Administración Pública, por lo tanto, lo único que podría quedar sujeto a discusión sería el medio, forma o modo como se va a imponer el control jurisdiccional sobre la función administrativa. (p. 135 a la 137).

Continúa el referido autor señalando que el principio de legalidad se manifiesta en la norma y la actividad funcional de la Administración. La norma condiciona la función administrativa, de ahí surge un problema en cuanto a la ley aplicable con que la Administración Pública puede vulnerar el principio de legalidad que conduce como consecuencia a su control jurisdiccional.

Así, sostiene el autor que ese sistema de control jurisdiccional de la Administración Pública nace de una fusión de tres elementos: a) Una ideología: el principio de legalidad, b) una competencia: la del juez administrativo, y c) Una técnica: el recurso por exceso de poder. Considerando esos tres elementos como fundamentales para caracterizar cualquier sistema de control jurisdiccional del principio de legalidad. Por lo tanto, agrega el autor que, deberíamos decir que la Administración Pública si está sujeta a un Estado de Derecho y a un Control Jurisdiccional que preserva el principio de legalidad.

Lo anterior, denominado como principio de Integridad de la Jurisdicción Contencioso Administrativa, va en estricta consonancia con lo que sería el juez natural para conocer el control de legalidad de las actividades y funciones de la Administración, precisamente, el juez especializado en el derecho administrativo, el cual, se encuentra subsumido en nuestro país en los tribunales denominados *contenciosos administrativos*, de allí que resulte lo más ajustado al debido proceso y derecho constitucional a ser juzgado por sus jueces naturales, que las competencias derivadas del artículo 259 de la Constitución, no puedan ser atribuidas a órganos jurisdiccionales distintos a los de dicha denominación, puesto que son estos los idóneos para el examen y decisión de las actuaciones derivadas del ejercicio del Poder Público.

De este modo, podemos afirmar -apoyándonos en González Pérez (1985)-, que lo verdaderamente relevante del sistema de justicia administrativa no es su línea de organización, entiéndase si este se encuentra en el Poder Ejecutivo o en el Poder Judicial, sino «... *la especialización jurídico-administrativa de los titulares de tales órganos. Esta es la verdadera lección del sistema francés: la idoneidad de los jueces administrativos...*», a lo cual, acertadamente agrega el autor que es igualmente relevante la independencia de esos órganos frente a otras ramas del Poder Público (p. 44).

Es en atención a lo expuesto que González Pérez concluye que si la preeminencia del principio de idoneidad del juez se logra dentro del poder judicial y si los tribunales encuadrados en la común organización judicial están servidos por magistrados especializados «... ***no tiene sentido encuadrar los órganos del contencioso administrativo en la organización administrativa...***» (Resaltado añadido) p. 45.

2. De las competencias del juez contencioso-administrativo

El derecho constitucional a ser juzgado por sus jueces naturales, es previsto como un presupuesto esencial del debido proceso, por cuanto, ello resulta un elemento fundamental del servicio público de justicia, dado que solo el juez determinado por ley y que hubiera ingresado mediante concurso de conformidad con el artículo 255 de la CRBV, se considerará apto para conocer de una determinada controversia judicial.

Así, la Sala Constitucional del Tribunal Supremo de Justicia, señaló en sentencia del 25 de junio de 2003 (Caso: *Gente del Petróleo*), respecto al derecho a ser juzgado por el juez natural, que debe existir una serie de elementos integrantes en un juez:

(i) **Ser independiente**, en el sentido de no recibir órdenes o instrucciones de persona alguna en el ejercicio de su magistratura;

(ii) **Ser imparcial**, referido a una imparcialidad consciente y objetiva, separable de las influencias psicológicas y sociales que puedan gravitar sobre el juez y que le crean inclinaciones inconscientes. Considerando igualmente, que la transparencia en la administración de justicia, garantizada el artículo 26 de la «Constitución, se encuentra ligada a la imparcialidad del juez;

(iii) Tratarse de una **persona identificada e identificable**;

(iv) **Preexistir como juez**, para ejercer la jurisdicción sobre el caso, con anterioridad al acaecimiento de los hechos que se van a juzgar, es decir, no ser un tribunal de excepción;

(v) **Ser un juez idóneo**, como lo garantiza el artículo 26 de la Constitución de la República Bolivariana de Venezuela, de manera que en la especialidad a que se refiere su competencia, el juez sea apto para juzgar; en otras palabras, sea un especialista en el área jurisdiccional donde vaya a obrar; y

(vi) **Que el juez sea competente por la materia**. Se considerará competente por la materia aquel que fuera declarado tal al decidirse un conflicto de competencia, siempre que para la decisión del conflicto se hayan tomado en cuenta todos los jueces que podrían ser llamados a conocer.

Con relación a la imparcialidad, agrega la Sala en la decisión *in commento* que la parcialidad objetiva del juez, no solo se emana de los tipos que conforman las causales de recusación e inhibición, sino de otras conductas a favor de una de las partes; y así una recusación hubiese sido declarada sin lugar, «*... ello no significa que la parte fue juzgada por un juez imparcial si los motivos de parcialidad existieron, y en consecuencia la parte así lesionada careció de juez natural*».

A tenor de lo expuesto, cada rama del derecho procesal ha buscado delimitar con base en el marco del debido proceso, así como en pro de la búsqueda de la justicia, las competencias y facultades jurisdiccionales que ostenta el juez en aras de lograr sus cometidos constitucionales, siendo que, en el caso concreto del derecho procesal administrativo, encontramos la fuente esencial de las competencias de ese conjunto de tribunales («Jurisdicción contencioso administrativa») en el artículo 259 del Texto Fundamental.

A. Competencias constitucionales

El artículo 259 de la CRBV, prevé en líneas generales la jurisdicción contencioso administrativa, tanto en su componente orgánico como competencial, disponiendo las principales pretensiones procesales qué pueden ventilarse en contra del Estado, a saber:

- Anulación de actos administrativos generales o individuales contrarios a derecho, incluso por desviación de poder;
- Condenar al pago de sumas de dinero y reparación de daños y perjuicios originados en responsabilidad de la Administración;
- Conocer de reclamos por la prestación de servicios públicos;
- Disponer lo necesario para el restablecimiento de las situaciones jurídicas subjetivas lesionadas por la actividad administrativa.

Puede observarse que el constituyente previo de forma amplia lo que sería el contenido a ser desarrollado por la ley que regulara el derecho procesal administrativo, ello se verifica especialmente en el último supuesto, que señala que el juez podrá hacer *lo que sea necesario para restituir la situación jurídica infringida* por la actividad administrativa.

Ahora, cuando se hace referencia a actividad administrativa, ello necesariamente fue previsto en un sentido extenso y no solo desde la perspectiva de la función administrativa material, la cual, es conocida tradicionalmente como *actividad administrativa*, mayormente referida a la prestación de servicios esenciales, limitación administrativa (tradicionalmente conocida como actividad de policía administrativa), actividad de fomento, etc., sino que también debe incluir, a la denominada función administrativa formal (presupuesto jurídico de necesario cumplimiento para la materialización de la actividad administrativa), que en concordancia con el principio de legalidad (artículo 137 de la Constitución), exige al Estado el cumplimiento de las formalidades legales para proceder a llevar a cabo cualquier actuación en el ejercicio de su poder público, como sería la sustanciación de un procedimiento administrativo previo al dictamen de un acto administrativo sancionatorio, o realizar el procedimiento licitatorio o de selección de contratistas previo a la elección de un contratista.

Ciertamente la referencia a la actividad administrativa en el artículo 259 se entiende como sinónimo de declaración, actuación o manifestación de voluntad de la Administración Pública, es decir, una interpretación en sentido netamente amplio. De esta forma, prever que el juez disponga lo necesario para la restitución de la situación jurídica lesionada, conlleva sin duda un poder sumamente profundo para el órgano jurisdiccional en aras de lograr una tutela judicial efectiva, lo cual, va desde el otorgamiento de medidas cautelares, hasta procurar una verdadera y expedita ejecución de la sentencia definitivamente firme.

De igual modo y en correlación al artículo anterior, debemos observar en el ámbito del Contencioso Administrativo los artículos 25, 30 y 140 *eiusdem*, puesto que el primero expresamente señala que todo acto dictado en ejercicio del Poder Público contrario a la Constitución y la ley es nulo, mientras que los otros dos disponen un sistema de responsabilidad integral a favor de los ciudadanos cuando estos sufren un daño derivado de la actuación del Estado, elementos que el operador jurídico debe tomar en consideración en ejercicio de la función jurisdiccional.

La Constitución de la República Bolivariana de Venezuela, acorde con el modelo de Estado Democrático y Social de Derecho y de Justicia proclamado en su artículo 2, y en correlación con el carácter de Gobierno responsable que los artículos 6 y 141 *eiusdem* atribuyen al Estado administrador, dispone un sistema integral de responsabilidad patrimonial de la Administración Pública, el cual, abarca todos los daños ocasionados por cualquier actividad derivada del ejercicio del Poder Público, es decir, independientemente del funcionamiento normal o anormal de las actividades administrativas, salvo que se observen casos eximentes de responsabilidad (*vid.* artículo 1.193 del CC), responsabilidad que resultará siempre y cuando se verifiquen los elementos concurrentes para la procedencia de la indemnización entiéndase: (i) actuación de la Administración, (ii) daño y (iii) nexo de causalidad que permita la imputabilidad a la Administración.

Sin embargo, es de recordar que antiguamente la justicia administrativa era observada esencialmente como un juicio contra un acto de la Administración, a lo cual, podemos hacer alusión a Beltrán de Felipe (1995), quien en referencia a Laferrière, recuerda que el dato esencial del contencioso administrativo es su carácter objetivo, en el sentido *que «... el recurso por excès de pouvoir no es un pleito entre las partes sino un proceso contra un acto...»*, carácter que a criterio, de De Enterría (citado por Beltrán de Felipe), no sería acorde con la Constitución española, por cuanto el contencioso administrativo debería ser entendido como *«...un proceso de efectiva tutela de derechos, los del recurrente y los de la Administración (...) No se trata pues de un proceso objetivo...»* (p. 84 y 85).

De igual modo, resulta interesante destacar a Urosa Maggi, D. (2003) quien ha analizado los obstáculos tradicionales de la tutela judicial frente a la Administración, sosteniendo que tradicionalmente se ha cuestionado el carácter objetivo y revisor del contencioso *«... al reducir el proceso administrativo al control de los actos administrativos...»*. Actualmente, tal y como lo sostiene Beltrán de Felipe (1995), en el sentido que la nueva base técnico-procesal de la justicia administrativa implicará el control judicial de la Administración con el objeto de proteger los derechos e intereses de carácter subjetivo, ello como un sistema de pretensiones (p. 85).

Lo anterior debe analizarse con base en el sistema de acceso a la denominada Jurisdicción Contencioso Administrativa, dado que si bien el proceso ha evolucionado hacia una conformación subjetiva, no obstante, se encuentra previsto de un sistema de acciones que en algunos casos pudieran limitar el ejercicio de las pretensiones del justiciable. Lo anterior ha sido claramente observado por De Enterría (2000), quien haciendo estudio de la naturaleza y evolución del derecho procesal administrativo, sostuvo lo siguiente:

> «... el proceso contencioso-administrativo pasó a ser así inequívocamente 'subjetivo', de defensa de esos derechos e intereses frente a la actuación administrativa en general (art. 106.1 de la propia Constitución) y no precisamente solo frente a actos administrativos formales. La tutela de los derechos e intereses legítimos de los ciudadanos no puede reducirse a la fiscalización abstracta y objetiva de la legalidad de unos actos administrativos formales; derechos e intereses que resultan de los complejos ordenamientos jurídicos a que el ciudadano de hoy se ve sometido, y su tutela efectiva (...) impondrá extenderse necesariamente a todos los aspectos de la actuación administrativa, sea formal o informal, por procedimientos tipificados o por vía de hecho, reglados o discrecionales, típicamente administrativos o con eventuales contenidos políticos anejos, por acción o por omisión, que puedan llegar a afectar dichos derechos o intereses» (p. 621).

En efecto, del artículo 259 de la Constitución venezolana, se desprende una visión amplia de las competencias del Juez, hasta el punto que no es limitado únicamente a amalar un acto o condenar en daños y perjuicios al Estado, sino incluso hacer todo lo necesario para restablecer la situación jurídica lesionada.

En este sentido y en cuanto a la competencia que posee la jurisdicción contencioso administrativa, la Sala Político Administrativa del TSJ ha establecido en sentencia de fecha 07 de febrero del año 2002, caso: CAVENAS, cuáles actos están sujetos al control judicial por parte de los tribunales contencioso administrativos, así esta sentencia concluyó:

«Ahora bien, señalado lo anterior procede este Sala Político-Administrativa a analizar las competencias atribuidas a la jurisdicción contencioso-administrativa por la Carta Magna de 1999, y en tal sentido, se observa que conforme a lo estipulado en el artículo 259 de la Constitución vigente, la jurisdicción contencioso-administrativa le corresponde al Tribunal Supremo de Justicia y a los demás tribunales que determine la ley; siendo competentes los órganos de dicha jurisdicción para anular los actos administrativos generales o particulares contrarios a derecho, incluso por desviación de poder.

De acuerdo con lo anterior, el control legal y constitucional de la totalidad de los actos de rango sublegal (entendiendo por tales actos, normativos o no, los dictados en ejecución directa de una ley y en función administrativa), son del conocimiento de la jurisdicción contencioso-administrativa».

De este modo, si bien la LOJCA de 2010, dispone una especia de catálogo de mecanismos procesales, a saber: (i) *demanda de nulidad* (artículos 76 y siguientes), (ii) *demanda de contenido patrimonial* (artículos 56 y siguientes), (iii) *reclamos por la omisión, demora o deficiente prestación de los servicios públicos*, (iv) *vías de hecho*, (v) *abstención* (artículos 65 y siguientes), el mismo debe plantearse y ejecutarse, de ser posible, con una visión subjetiva y amplia en lo que se refiere al objeto del proceso.

Ahora, cuando analizamos la *demanda de nulidad*, si bien se ha considerado tradicionalmente como un proceso objetivo contra un acto administrativo, es posible afirmar la paulatina *subjetivización* que le ha venido otorgando el legislador a este proceso judicial, incorporando actualmente una audiencia oral donde ambas partes pueden exponer sus argumentos de hecho y de derecho, permitiendo al juez determinar a través de la inmediación el *thema decidendum*, de allí que no será simplemente un juicio contra el acto, sino que la Administración podrá defender los derechos e intereses que resulten precisamente del contenido y eventual ejecución del acto objeto de impugnación, mientras que lo relevante desde la perspectiva del justiciable será su pretensión, admitiéndose incluso la reconducción de la acción con base en su objeto.

Sin embargo, el nuevo proceso de *demandas de nulidad* de la LOJCA no tiene la misma claridad en cuanto a la amplitud del objeto de la pretensión, tal y como lo contemplaba el artículo 21 aparte 17 de la derogada LOTSJ de 2004, donde se consagraba expresamente la posibilidad de obtener tanto la nulidad del acto como una condena de daños y perjuicios «*así como disponer todo lo necesario para la restitución de la situación jurídica infringida*».

Dicha disposición de la derogada LOTSJ iba a favor de la subjetivización del proceso, en la medida que el justiciable podía, mediante el para entonces denominado *recurso contencioso administrativo de nulidad*, requerir tanto la anulación del acto como su indemnización integral. Ahora, la LOJCA, si bien incluye en su artículo 9 la gama de competencias de los órganos jurisdiccionales que componen la denominada Jurisdicción Contencioso Administrativa, no hace mención expresa en las normas que desarrollan el proceso de *demanda de nulidad*, la posibilidad de ampliar el objeto de la pretensión a los daños y perjuicios derivados de esa actuación que se pretende impugnar.

No obstante lo anterior, ha sido criterio reiterado de nuestra jurisprudencia, el reconocer la procedencia y condena de lo que suele ser denominado Recurso de Plena Jurisdicción, en el sentido que en una acción de nulidad, pueden reclamarse conjuntamente, los daños y perjuicios que ese acto hubiese ocasionado. Así, podemos hacer mención a la sentencia N° 230 del 8 de febrero de 2007, de la Sala Político Administrativa del TSJ, con ponencia de Emiro García Rosas (Caso: *Consejo Universitario de la Universidad Nacional Experimental Marítima del Caribe*), donde una vez examinada la Constitución, así como la derogada LOCSJ, sostuvo lo siguiente:

> «... existe la posibilidad de que en una acción de nulidad contra un acto administrativo se solicite la condena de pago de sumas de dinero por daños y perjuicios causados por la Administración y, más aún, el juzgador puede condenar a dicho pago. Con ello estamos en presencia de lo que la doctrina y la jurisprudencia han reconocido como el recurso de plena jurisdicción; por lo tanto, en el caso de autos, el haber ejercido un recurso de nulidad contra un acto administrativo de efectos particulares conjuntamente con petición de condena de daños y perjuicios, no configura una causal de inadmisibilidad...».

De manera que la admisión de pretensiones dirigidas tanto a la nulidad del acto como a la indemnización de daños y perjuicios, resulta un criterio derivado de la interpretación de la propia norma constitucional (artículo 259 CRBV), e incluso prevista en el artículo 131 de la derogada LOCSJ, por lo que no debería generar mayores dudas a la hora de examinar la LOJCA, la cual, de todas maneras, pareciera admitir ese tipo de pretensiones en las disposiciones relativas al procedimiento breve, concretamente en el artículo 65.

De igual forma, la Sala Constitucional del TSJ, en sentencia N° 1343, del 4 de agosto de 2011, en referencia a Fernández, J. y García Pérez, M., sostuvo lo siguiente:

> «... ha sostenido que la consagración en las Constituciones democráticas del derecho a la tutela judicial efectiva, en los términos establecidos en el artículo 26 de nuestro Texto Fundamental, terminó de desmontar la concepción puramente objetiva o revisora de la jurisdicción contencioso-administrativa, que junto a los demás órganos de la rama Judicial del Poder Público, tienen la obligación de brindar protección a los derechos e inte-

reses de los particulares cuando en el proceso quede probado que la actuación de la Administración efectivamente vulneró los derechos o intereses personales, legítimos y directos, ya sea que deriven de su enunciación en la Constitución, en leyes, reglamentos o por estipulación contractual, sin que pueda aceptarse tal menoscabo a efecto de resguardar el interés público tutelado por el órgano o ente demandado, bajo razonamientos de corte utilitarista..

Con base en los criterios expuestos, podemos concluir entonces que, si bien el proceso de nulidad de actos administrativos conserva ciertos vestigios objetivos, sin embargo, es clara su propensión a un sistema subjetivo, es decir, la acción se ejerce contra el Estado y no sencillamente contra el acto administrativo en aras de restituir el orden jurídico de forma plena.

Sin duda que uno de los procesos más idóneos a una tutela judicial efectiva dentro del contencioso administrativo lo constituye el del recurso contencioso administrativo funcionarial, que dispone no solo una fase conciliatoria y oral, sino que además su objeto abarca todo lo relacionado con el ingreso o egreso del funcionario a la Administración Pública, de manera que el petitorio del recurrente o querellante no tiene más limitaciones que las derivadas, de la Constitución y la Ley.

Por su parte dentro de las *demandas de contenido patrimonial*, el proceso debe ser ensamblado entre la LOJCA y el CPC en virtud del carácter supletorio que ostenta el CPC en el derecho procesal administrativo, manteniendo como postulados la restitución de la situación infringida de manera integral y amplia, es decir, donde el juez condene a la Administración a responder por todo el daño causado, y con una interpretación y visión favorable a los ciudadanos.

Ahora, si bien todo lo anterior pareciera muy óptimo a la consecución de la justicia, de alguna manera se han logrado filtrar en nuestro ordenamiento jurídico una serie de prerrogativas y privilegios procesales que obstaculizan muchos de los postulados anteriormente expuestos, es así como conviene el estudio de numerosos preceptos establecidos en el DRVFLOPGR, así como en la LOJCA -entre otras-, a los fines de determinar el impacto y afectación negativa que tales prerrogativas ocasionan en derechos como el acceso a la justicia, inmutabilidad de la sentencia, restitución de la situación jurídica infringida, indemnización integral e igualdad en el proceso, para procurar en nuestro desarrollo tanto legislativo como judicial, una aplicación eficaz y directa de nuestros derechos constitucionales inherentes al proceso.

B. De ciertos obstáculos legales para la consecución de la justicia administrativa

Si bien ha sido desarrollado' en el marco constitucional venezolano un sistema judicial que procura la protección del individuo frente al Estado bajo la denominación de Jurisdicción Contencioso Administrativa, con amplias potestades y capaz de llevar a cabo todo lo necesario para restituir los daños y derechos quebrantados del particular, no obstante, han sido creadas mediante normas de rango legal una serie de prerrogativas y privilegios procesales destinados a proteger los intereses patrimoniales de la Administración Pública en razón del fin que persiguen sus actividades administrativas que no son más que el reflejo del interés general. Sin embargo, en muchas ocasiones pareciera que el legislador y en otras ocasiones el juez (ya que este también ha asumido la tendencia de otorgar a través de decisiones judiciales beneficios procesales) no se detienen a ponderar los intereses en juego, ya que muy a menudo dichas prerrogativas se toman a un punto que pudiera considerarse excesivo, afectando flagrantemente derechos y garantías constitucionales de los justiciables, en vez de buscar soluciones que permitan por un lado salvaguardar las funciones y actividades del Estado (*vgr.* Prestación de servicio público), y por otro, lograr la indemnización total de los daños causados a los particulares, como sería por ejemplo flexibilizar la inembargabilidad de los bienes de la República y limitarlo, sencillamente, a determinados bienes.

Sin embargo, ha sido considerado en numerosas ocasiones por la Jurisprudencia del Tribunal Supremo de Justicia que las prerrogativas procesales nacen con la *«finalidad de atender al interés general»,* bajo el pretexto que la República y los entes que conforman la organización del Estado, no vean limitada la defensa de sus intereses, que son -a su decir- expresión del interés colectivo, razón por la cual, estiman necesaria la protección de los bienes y derechos de la Nación, aunque ello implique el detrimento patrimonial del ciudadano y mucho peor la inobservancia a la tutela judicial efectiva. Así, podemos hacer referencia a la decisión N° 727 del 12 de julio de 2010 de la Sala Constitucional del Tribunal Supremo de Justicia, donde dispuso lo siguiente:

> «todos los órganos jurisdiccionales deben velar por la fiel aplicación de estas prerrogativas, en el sentido de aplicarlas preferentemente a las normas procesales ordinarias, ello en virtud de que persiguen resguardar los intereses patrimoniales de la República y de todos aquellos entes públicos sobre los que aquella tenga derechos, no con el objetivo de evitar la responsabilidad del Estado, sino de impedir afectaciones en el cumplimiento de sus fines fundamentales establecidos en el ordenamiento jurídico, mediante el equilibrio entre los derechos de las personas y las potestades y obligaciones de la República. (*Vid.* 902/2004 caso: C.V.G. *Bauxilum* CA.)...» (Subrayado añadido).

El criterio de la Sala, ha sido ratificado y afianzado en reiteradas oportunidades, exponiendo que los fines seguidos por la República y demás entes públicos, merecen de ciertos privilegios para evitar que su patrimonio y correlativos fines sociales no se vean afectados por controversias judiciales. Generalmente pretenden establecer que debe haber un límite en esas[1] prerrogativas, no debiendo afectarse el núcleo duro de los derechos constitucionales, así como también suele dársele tina interpretación del tipo «restrictivo», aludiendo particularmente al principio de legalidad, elementos que no siempre son examinados con profundidad, impidiendo consecuentemente lograr ese supuesto equilibrio entre los fines del Estado y los derechos procesales de los justiciables.

Se observa entonces que las principales fuentes normativas dirigidas a consagrar los beneficios procesales de la República se encuentran reguladas en el DRVFLOPGR. Así, dicha Ley dispone la «Irrenunciabilidad» de los privilegios y prerrogativas procesales del Estado (artículo 65). Igualmente debe hacerse referencia a la LOJCA que expresamente hace referencia al Decreto Ley anteriormente señalado, así como a los privilegios allí consagrados, al igual que debe acudirse a la LOPPM, donde se prevé un marco especial de prerrogativas procesales a favor de los entes municipales (artículos 152 y siguientes), sin obviar el artículo 36 de la Ley Orgánica de Descentralización, Delimitación y Transferencia de Competencias del Poder Público (LODDTCPP) donde se conceden a los estados federados los mismos privilegios de la República, situación que también se observa en el Decreto con Rango Valor y Fuerza de Ley Orgánica de la Administración Pública para el caso de los institutos públicos y los institutos autónomos (artículos 98 y siguientes), entre otras. Ahora bien, podemos observar en líneas generales que las prerrogativas procesales se enumeran de la siguiente manera:

- Procedimiento Administrativo previo a las demandas de contenido patrimonial contra la República (Artículo 56 Decreto con Rango, Valor y Fuerza de LOPGR).
- Necesidad de autorización o sustitución para actuar en nombre de la República (Art. 2 y 63 *eiusdem*).
- Privilegio de Jurisdicción (Contencioso Administrativo)
- Lapsos adicionales para tener por notificada a la Procuraduría General de la República (Arts. 86 y 96 *eiusdem*).
- Improcedencia de la llamada «confesión ficta». Las demandas contra la República no contestadas se entienden contradichas (Art. 68 *eiusdem*).
- Privilegios en materia probatoria (Artículo 78 del Decreto con Rango, Valor y Fuerza de LOPGR).
- Autorización expresa para convenir, desistir, transigir o hacer uso de otros mecanismos de autocomposición procesal' (Art. 70 *eiusdem*).
- Consulta obligatoria (Art. 72 *eiusdem*).
- Exención de gastos y costas procesales (Art. 76 *eiusdem*).
- Exceptuación de ejecución judicial (Art. 87 *eiusdem*).
- Inembargabilidad de los bienes de la República (Art. 75 *eiusdem*).

Tenemos entonces que el derecho procesal administrativo se dispone de una forma curiosa, por una parte, contamos con una serie de derechos y garantías constitucionales que conllevan la igualdad, tutela efectiva, acceso a la justicia, indemnización integral, entre otros, así como la conformación de un Poder Judicial que goza de autonomía, es capaz de ejecutar sus decisiones y hasta realizar todo lo necesario para la restitución de la situación jurídica infringida, pero por otra parte, la ley adjetiva ha desarrollado el iter de controversias contra la Administración, de manera tal, que no existe igualdad procesal, en casos que la pretensión tenga contenido patrimonial debe agotarse la vía administrativa, no es posible obtener una indemnización integral del daño puesto que el Estado no puede ser condenado en costas y en caso de que la pretensión persiga la entrega de bienes lo más seguro es que la condena sea transformada en sumas dineradas, y finalmente la ejecución forzosa de la sentencia definitiva queda prácticamente en manos de la propia Administración, puesto que el órgano jurisdiccional no es capaz de embargar bienes ni de exigir el cumplimiento de la pretensión de la parte actora, sino que ello debe seguir los dispuesto en los artículos 82 y siguientes del DRVFLOPGR.

Pasemos entonces a observar cuáles facultades ostenta el juez contencioso-administrativo en el ejercicio de su función judicial, concretamente los llamados «poderes del juez» y en especial, cuáles son sus límites, bien en lo que respecta al contenido y ejecución de la sentencia, así como el umbral que se presenta ante el principio de separación de poderes.

IV

LOS PODERES DEL JUEZ FRENTE A LA FUNCIÓN ADMINISTRATIVA

A los fines de analizar los límites de la función jurisdiccional del Juez frente a la Administración, resulta importante romper ciertos paradigmas que han surgido de las leyes procesales venezolanas, donde claramente se ha conferido la posibilidad a la Administración de ejecutar, a su modo, una sentencia definitivamente firme, pero además, resulta relevante destacar los parámetros que devienen de la separación de poderes, puesto que juzgar a la Administración siempre comportará, en el ejercicio del control de legalidad, un examen de la actuación formal o material del Estado, y eventualmente conllevará, bien a la anulación de lo actuado o bien a determinadas órdenes de dar o hacer, que perfectamente pueden ser entendidas como una manera de alterar la actividad administrativa.

Reiterando lo ya analizado en capítulos precedentes, el *Principio de Separación de Poderes*, así como la conformación histórica de la «Jurisdicción Contencioso Administrativa», siempre tuvo como fin esencial, que el Poder no fuera acumulado en uno o pocos individuos, procurando una suerte de control de una rama frente a la otra, de allí que la Ley, a través del denominado *principio de legalidad*, delimite la actuación del Ejecutivo, mientras que el juez buscará tutelar una situación jurídica y de ser el caso restablecer la situación infringida independientemente de la condición económica, política o social del agraviado, pudiendo condenar no solo a la rama ejecutiva, sino a cualquier persona que en ejercicio de la función pública hubiese ocasionado un daño al ciudadano o a la Nación. De forma que el Ejecutivo viene a ser controlado en gran medida tanto por el Legislativo, con la creación de leyes y actividades de contraloría sobre el patrimonio público, como por el Judicial a través del control de legalidad y restitución de las situaciones infringidas por el exceso de poder, puesto que corresponderá al primero la ejecución del derecho, y en dicha función, la posibilidad de crear, modificar o extinguir situaciones jurídicas de los ciudadanos.

En este sentido, nuestra Doctrina procesal-administrativa ha hecho particular denuncia respecto a la efectividad de las acciones ejercidas en contra del Estado, dirigiéndose especial crítica a las prerrogativas procesales de la

República y otros entes descentralizados, especialmente en lo que respecta a la ejecución de las decisiones judiciales, así como otros privilegios adjetivos que disminuyen no solo la igualdad entre las partes, sino que además constriñen la pretensión del justiciable. Así, sobre lo precedente Urosa Maggi (2003) ha señalado lo siguiente:

> «...teniendo por excusa el principio de separación de poderes, se ha considerado tradicionalmente improcedente la sustitución del juez en la Administración a los fines de establecer los términos en que ésta debía cumplir sus obligaciones omitidas, lo cual se agravaba ante la imposibilidad también de la sustitución judicial en la ejecución de las mismas. De este modo se hacía nugatoria la tutela jurisdiccional, pues la pretensión de fondo frente a la inactividad -la condena a una actuación determinada- no llegaba a satisfacerse plenamente...». (Subrayado añadido), (p. 75)

Adicionalmente a lo expuesto, Urosa Maggi (2003) sostiene que dicha situación de restricción de la justicia frente a la Administración «*...pareciera haber sido al menos parcialmente superada en los ordenamientos español y venezolano...*». Así, a criterio de la referida autora, la regulación del ordenamiento jurídico de distintas formas de accionar frente a la actividad o inactividad de la Administración permite el acceso a la justicia de forma amplia, sin embargo, reitera la necesidad de examinar «*... la idoneidad del alcance de los medios procesales previstos...*» (p. 75).

Resulta interesante observar que este debate tiene lugar no solo en países latinoamericanos, donde sus estructuras políticas y jurídicas han tenido un desarrollo posterior a países europeos, sino incluso en naciones donde se estimaría inicialmente que el derecho procesal administrativo ha tenido especial desarrollo a favor de la justicia efectiva, ello de la mano con la evolución de sus sistemas democráticos que seguramente nos harían pensar que la posición del Estado frente al ciudadano es mucho más equilibrada. En este orden de ideas, conviene destacar a García de Enterría (1992):

> «Hoy el problema del contencioso no es solo el retraso en las decisiones de los recursos, sino la insuficiencia misma de esas decisiones, aun siendo temporáneas, lo que hay que poner en cuestión, en Francia y en otros sitios que nos son más familiares, son las bases mismas de la técnica del *excés de pouvior,* y en concreto los viejos dogmas, apenas tocados en Francia como en España, de la decisión ejecutoria como «apertura» necesaria y única del contencioso, la inexistencia de contrapesos efectivos frente a los abusos, cada día más ordinarios, de ese formidable privilegio de la decisión previa y, en fin, la técnica misma del «proceso al acto», que hace puramente declarativas las sentencias estimatorias...» (p. 84).

Vemos entonces como lo expuesto por el profesor García de Enterría, se enfoca precisamente en una crítica a lo que sería, la efectividad de los mecanismos judiciales, dejando la justicia administrativa en un ámbito formal, sin la posibilidad de «*... extraer de la anulación declarada las consecuencias que intere-*

san al recurrente que ha ganado el proceso...», puesto que, la pretensión ante la Administración no será simplemente que el juez anule un acto u ordene el pago de daños y perjuicios, el objeto del proceso será la restitución de la situación jurídica infringida, lo cual, solo, será materialmente posible, con la efectiva ejecución de lo decidido en los términos de la pretensión del justiciable.

Es por ello que el autor bajo estudio (1992) hace particular referencia a las obligaciones u órdenes de hacer dirigidas a la Administración «... *para rectificar la situación ilegal...»* e incluso, la posibilidad de ***sustituir*** por comisarios judiciales o por el propio juez la inactividad deliberada de la entidad vencida «... *que hace, en consecuencia, virtualmente facultativo el cumplimiento de las sentencias por las administraciones perdedoras...»*. (p. 84).

En efecto, cuando meditamos las facultades que ostenta el juez contencioso administrativo, inicialmente nos referimos a sus competencias previstas en la Constitución y en la Ley, como anular actos, o en caso de abstención, exigir un pronunciamiento formal, ordenar prestación material de servicios, etc., sin embargo, ello va de la mano con los denominados «Poderes» que,, más allá de hacer alusión a competencias específicas del órgano jurisdiccional, se presenta como esa potestad de buscar la verdad en pro de la justicia, para lo cual, se dota de autonomía y *Poder de Imperio* al juzgador, de modo que sea capaz de ejecutar lo juzgado.

De esta forma, resulta conveniente hacer un contraste entre dichas competencias y amplios poderes que ostenta el juez contencioso administrativo, frente a las normas procesales que desarrollan el derecho procesal administrativo, con el objeto de estudiar las contradicciones o conflictos que pueden presentarse entre la materialización de la cosa juzgada frente a la Administración y las normas adjetivas que debe seguir el juez al momento de juzgar y ejecutar su decisión.

1. Principios y Poderes del Juez contencioso administrativo

El derecho procesal se encuentra instrumentado no solo en el iter del procedimiento descrito en el marco jurídico, sino igualmente en una serie de principios esenciales y en algunos casos de poderes, que pretenden procurar no solo el derecho a la defensa y debido proceso, sino además lograr el fin máximo de esta rama del derecho que es concretamente la justicia. Para ello el juez se vale no solo de lo aportado por las partes a la litis, sino también, es capaz de requerir nuevas actuaciones dirigidas a recabar elementos de convicción (*vgr.* auto para mejor proveer), llamar peritos para materializar ciertas disposiciones ejecutorias de la decisión (*vgr.* experticia complementaria del fallo), e incluso en determinados procesos judiciales como el laboral, se admite la formulación de preguntas por parte del juez a los sujetos involucrados entendidas como declaraciones de parte, ello con el fin de obtener la verdad de los hechos y resolver la controversia. Igualmente puede valerse de sus máximas de experiencia y sana crítica,: manteniendo la objetividad en pro de una decisión justa, ello en gran medida previsto en el artículo 12 del CPC.

En este sentido, si bien el proceso judicial sigue una serie de lineamientos que conforman el derecho constitucional al debido proceso, en aras de una tutela judicial efectiva, resulta particularmente relevante examinar el alcance de dichos principios en el ámbito del contencioso-administrativo, con el objetivo de determinar hasta qué punto la función jurisdiccional no se subsume en función administrativa e igualmente, precisar hasta dónde la Administración es capaz de inobservar o diferir el cumplimiento de un mandato judicial con la justificación del Principio de División de Poderes anteriormente estudiado.

A. De los principios del derecho procesal administrativo

Al momento de referimos concretamente al derecho procesal administrativo venezolano, deviene obligatorio acudir a la Ley Orgánica que regula dicha materia, esto es, la LOJCA, cuyo artículo 2 dispone sus principios rectores, a saber: justicia, accesibilidad, imparcialidad, idoneidad, transparencia, autonomía, independencia, responsabilidad, brevedad, oralidad, publicidad, gratuidad, celeridad e inmediación.

Son en cierto modo una fusión entre los principios inherentes a la tutela judicial efectiva y los principios rectores de la Administración Pública previstos en los artículos 26 y 141 de la Constitución venezolana, respectivamente. Manifestando entonces a la función jurisdiccional como un servicio que ostenta el Estado a favor de los ciudadanos de forma gratuita lo que implica que no se pueden cobrar tasas u otros tributos para su activación (justicia gratuita), garantizando el ser juzgado por sus jueces naturales, mediante procesos y mecanismos capaces de lograr la restitución de situaciones jurídicas infringidas (idoneidad), permitiendo al justiciable acceder al expediente y llevar el control de lo actuado (transparencia), aseverando su autonomía e independencia en el ejercicio de sus funciones frente a las demás ramas del Poder Público, ello a través de un juzgador ajeno a los intereses de las partes (imparcial), mediante procedimientos expeditos (celeridad), en clara atención al acceso del ciudadano a los órganos de administración de justicia, sin obstáculos que no sean otros que las causales de inadmisibilidad (accesibilidad), ello mediante actos de naturaleza pública salvo que la ley disponga lo contrario o el tribunal así lo decida por razones de seguridad, orden público o protección de la intimidad de las partes (publicidad), procurando la cercanía del juez a las partes y a los medios que sean capaces de generar convicción sobre la verdad o falsedad de los hechos controvertidos (inmediación).

Ahora bien, no obstante haber sido contemplado en el artículo 2 de la LOJCA los principios de esa «jurisdicción», resulta igualmente esencial examinar otros que, igualmente, se encuentran vinculados con la actuación del juez dentro del proceso, conformando parte integral de la función jurisdiccional, por cuanto, son considerados como los principios rectores del derecho procesal y, en consecuencia, aplicables al ámbito administrativo.

a. Principio dispositivo

Con relación a este principio, tenemos que el artículo 12 del CPC venezolano, dispone que los jueces deben atenerse «*...a lo alegado y probado en autos, sin poder sacar elementos de convicción fuera de éstos, ni suplir excepciones o argumentos de hecho no alegados ni probados...*». Se circunscribe de esta forma la función jurisdiccional a los hechos controvertidos y los medios aportados por los sujetos procesales, procurándose de esta manera una justicia imparcial y ecuánime, dado que, después de todo, el apoderado o representante judicial de ambas partes deben exponer las situaciones de hecho y realizar todas las actuaciones necesarias para coadyuvar en la búsqueda de la verdad y en una resolución acertada de la litis. Asimismo, los numerales 4 y 5 del artículo 243 *eiusdem*, contemplan que toda sentencia deberá contener los motivos de derecho, requiriendo que se trate de una «*... decisión expresa, positiva y precisa con arreglo a la pretensión deducida y a las excepciones o defensas opuestas, sin que en ningún caso pueda absolverse de la instancia...*».

Así, el profesor Brewer-Carías, A. (2005), nos presenta el régimen constitucional y legal del principio dispositivo de la siguiente forma:

> «... la Constitución dispone que el proceso es el instrumento fundamental para la realización de la justicia (Art. 253), el cual debe desarrollarse con las debidas garantías que establece el texto fundamental (debido proceso), lo que presupone y exige no solo un contradictorio entre partes, sino el principio dispositivo, de manera que el proceso se inicie a instancia de parte, siendo la excepción la actuación de oficio por parte de los jueces, la cual por supuesto requiere texto expreso...» (p. 19).

De esta forma el servicio público de justicia se desarrolla entre la actuación de las partes con sus mandatarios profesionales del derecho bajo el arbitrio del juez, encargado de la resolución de la controversia con base en lo verificado en el expediente judicial.

Este principio ha sido analizado de forma constante por la jurisprudencia de los distintos órganos jurisdiccionales que cuentan con un derecho procesal civil desarrollado bajo estructuras democráticas y autónomas, inicialmente podemos remontarnos a la Sala Político Administrativa de la extinta Corte Suprema de Justicia de Venezuela, que en sentencia del 11 de julio de 1972 (publicada en Gaceta Oficial N° 1.540), con ponencia del Magistrado Saúl Ron, sostuvo que el órgano jurisdiccional es el llamado a decidir la controversia surgida entre el ciudadano y la Administración, con absoluta objetividad para que ambas partes se sientan igualmente protegidas, agregando que «*... Por este motivo, el juez no puede sacar elementos de convicción fuera de los autos ni suplir excepciones o argumentos de hecho no alegados ni probados...*».

Se presenta entonces el principio dispositivo como un análisis objetivo de la causa e igualmente con la congruencia que debe revestir la función jurisdiccional frente al estudio de la pretensión u objeto del proceso. Así, tenemos la sentencia del 13 de marzo de 1980 de la Corte Primera de lo Contencioso

Administrativo de Venezuela, con ponencia del Magistrado Nelson Rodríguez, donde se dispuso que el objetivo por excelencia de la sentencia es el de la congruencia, agregando que:

> «La sentencia ha de ser congruente con la pretensión, debe haber adecuación entre el contenido de uno y otro para que no existan entre el fallo ni más elementos de los que componen la pretensión, ni menos, ni otros diferentes...».

La relación entre el principio dispositivo y la congruencia ha sido igualmente analizado por el Tribunal Constitucional del Perú, de forma similar al Poder Judicial venezolano, en sentencia del 17 de septiembre de 2008 (Exp. 3151-2006), en los términos siguientes:

> «El Tribunal, con base en su jurisprudencia, ha subrayado que el deber de respetar el principio de congruencia se encuentra garantizado por el derecho a la motivación de las resoluciones judiciales. Sin embargo no es este último derecho el que solo puede resultar lesionado a consecuencia de no respetarse el referido principio de congruencia. En efecto, en el ámbito del proceso civil, la infracción del deber de congruencia supone no solo la afectación del principio dispositivo al cual también se encuentra sumergido el proceso civil, sino que a consecuencia de ello se puede afectar otros derechos constitucionalmente protegidos, verbigracia el derecho de defensa y, en determinadas ocasiones, el derecho a ser juzgado por un juez imparcial». (Subrayado añadido).

Ciertamente vale la pena destacar que la emisión de una sentencia motivada y congruente bajo lo alegado y demostrado en autos, se encuentra, íntimamente ligada al derecho constitucional a la defensa, especialmente porque solo mediante el respeto de los anteriores parámetros judiciales será posible, conocer a cabalidad que fue lo decidido por el Tribunal o cuáles fueron los argumentos de hecho y de derecho que conllevaron a una determinada decisión, ello no solo como componente básico de la función jurisdiccional y del debido proceso a favor del justiciable, sino además frente al eventual ejercicio del recurso de apelación ante el Juzgado de Alzada e incluso para el ejercido del Recurso de Casación y otros mecanismos extraordinarios contemplados en el marco jurídico venezolano, como sería el amparo contra decisiones judiciales (vid. artículos 4 y siguiente de la LOASDGC), así como el recurso de revisión constitucional (vid numeral 10 artículo 336 de la CRBV).

b. Principio *iura novit curia*

El principio tradicionalmente conocido como el *juez conoce el derecho,* se desprende del artículo 12 del CPC venezolano, donde se, contempla que «... *En sus decisiones el Juez debe atenerse a las normas del derecho...*», así como del .propio marco constitucional (artículo 49 de la Constitución venezolana) que prevé el derecho a ser juzgado por su juez natural, que tal y como analizamos anteriormente requiere de idoneidad para el conocimiento de la causa, es decir, el juez debe ser un especialista en la materia bajo su conocimiento. De manera que se trata de un principio íntimamente vinculado al debido proceso en clara consonancia al ya estudiado principio dispositivo.

Para Ezquiaga Ganuzas (2002) el *iura novit curia* se manifiesta en el proceso como una presunción de conocimiento del derecho aplicable por parte del juez, que desempeña al menos dos funciones principales «... *sintetiza los poderes del juez y expresa una regla procesal de reparto de la actividad probatoria (la de los hechos corresponderían a las partes y la del Derecho -cuando sea precisa- al órgano jurisdiccional)...* «. Así, sostiene el autor en referencia que una cosa es la presunción de que el juez conoce el derecho a aplicar y, otra, el camino que el juez debe recorrer para adquirir ese conocimiento, los problemas que comporta y cómo resolverlos, dividiendo esas funciones en: (i) la aportación de oficio del derecho aplicable y (ii) la investigación de oficio del derecho aplicable, (p. 10 y 11).

En similar forma, Andrea Meori (2007) ha estimado que tradicionalmente este principio tiene tres acepciones: a) como presunción «... en tanto se presume que el juez conoce el derecho aplicable al caso, lo que exime, a las partes de tener que probarlo...»; b) como principio o regla, esto es, «... *como un deber del juez de conocer el derecho y de resolver el conflicto conforme a él y a pesar del invocado por las partes...*»; c) como «principio-construcción» (en referencia a Wróblewski, Jerzy), en tanto elaboración de la ciencia jurídica que sistematiza el ordenamiento jurídico «... *articula las junciones legislativa y jurisdiccional y se configura como una armazón o estructura que sostiene toda la organización jurídica...*» (p. 382 y 383).

En este orden de ideas, se parte de la base de que el juez conoce el derecho, situación que igualmente ha sido tratada por la jurisprudencia venezolana y extranjera de manera cónsona, pudiendo hacer referencia' a la sentencia del 20 de marzo de 1983 de la Corte Primera de lo Contencioso Administrativo, con ponencia del Magistrado Vinicio Bracho Vera, donde se sostuvo lo siguiente:

> «... esta Corte ratifica el criterio (...) acerca de la facultad del juez de enjuiciar previamente las normas que habrá de escoger y aplicar para decidir el caso concreto objeto del proceso, esta función de enjuiciamiento normativo previo que debe realizar el juez, está recogido en el artículo 7° del Código de Procedimiento Civil [derogada por el CPC de 1986, que sería reformado el 13 de marzo de 1987 y reimpreso el 18 de septiembre de , 1990] y, por ende, no es solo una facultad sino también un deber, realizable de oficio, por sustentarse en el principio *iura novit curia...*».

Se plantea entonces como un principio esencial del proceso, mediante el cual el juez debe determinar como paso previo a su decisión, las normas objeto de aplicación para la resolución de la litis. Ello implica conocer las reglas jurídicas que regulan una determinada controversia, circunstancia analizada por la Corte Primera de lo Contencioso Administrativo en decisión del 10 de diciembre de 1984 con ponencia del Magistrado Román Duque Corredor, donde se dispuso que el aforismo El Juez Conoce el Derecho implica que este está obligado a tener en cuenta las reglas del derecho, incluso aún cuando no hayan sido alegadas por las partes:

> «... En efecto, la aplicación de una norma jurídica que las partes no han traído en apoyo de sus alegatos, no es más que cumplir con la función de administrar justicia, la cual es inconcebible si no se permite a los jueces aplicar el Derecho, que de la manera más simple puede decirse que está compuesto por todo el ordenamiento jurídico.

De esta forma, el conocimiento integral del derecho conlleva incluso al deber del juez de ajustar el *thema decidendum* a las disposiciones jurídicas adecuadas para la decisión del asunto. Este criterio es de común aplicación, pudiendo traer a colación la sentencia N° T-549-06 del 13 de julio de 2006, dictada por la Sala Séptima de Revisión de la Corte Constitucional de Colombia, la cual, sostuvo que según ese principio «*... se permite al juez constitucional aplicar las fuentes de derecho pertinentes, sin estar atado a las normas que invocan las partes...*», criterio que también puede ser observado en sentencia T-146- 10 dictada el 4 de marzo de 2010 por la Sala Primera de Revisión de la Corte Constitucional del mismo país, reiterando ese principio como columna vertebral del deber de tutela del juez.

c. Principio inquisitivo

El principio inquisitivo, también llamado *poder inquisitivo*, es identificado como la facultad de investigación del juez frente a los hechos controvertidos, particularmente, cuando a su criterio, se encuentre en juego el orden público y las buenas costumbres, siendo en estos casos plausible ir más allá de lo pretendido por las partes. Esta atribución del operador judicial' es comúnmente vinculada a la *jurisdicción contencioso administrativo*, sin embargo, es menester indicar que no es exclusiva de esos jueces, y ello se infiere perfectamente del artículo 12 del CPC venezolano, donde se expresa que el juez tendrá por norte de sus actos la búsqueda de la verdad.

De cualquier modo, para una buena parte de la doctrina venezolana, el derecho procesal administrativo presenta un carácter inquisitivo en oposición a los procedimientos de carácter dispositivo, tal y como lo sostiene Araujo Juárez (1996), en el sentido siguiente:

> «... estimamos que existen suficientes elementos para considerar que el procedimiento contencioso-administrativo en la LOCSJ [*normativa derogada por la LOTSJ de 2004 y ulteriormente derogada por la LOTSJ de 2010 y que concretamente en el ámbito procesal administrativo fue derogada por la LOJCA del mismo año*] es un procedimiento que puede ser ampliamente dirigido por el juez y jugar un papel esencial en el desarrollo de la instancia...». (p. 373).

De esta forma sostiene el referido autor, que los actos de impulso procesal corresponden al órgano jurisdiccional, dando particular relevancia a la actividad probatoria, donde con base en la derogada LOCSJ el juez se encontraba autorizado en cualquier estado y grado de la causa «... *para solicitar informaciones y promover y evacuar pruebas, aún cuando las partes no las pidan (...) y hacer evacuar de oficio las pruebas que considere pertinentes...*». (p. 379).

Por su parte, Pasceri, P (2003) sostiene que al Juez Contencioso Administrativo le son aplicables los principios del artículo 12 del CPC y el principio dispositivo «... *matizado enormemente con los poderes inquisitivos que existen en el contencioso administrativo, más aún cuando ejerce el control de la legalidad...*».

El criterio anteriormente expuesto, puede ser traslado al marco jurídico vigente, para ello podemos traer a colación el artículo 39 de la LOJCA que dispone la figura del auto para mejor proveer, de una forma mucho más amplia que en el CPC, al permitir al juez en cualquier estado de la causa la facultad para solicitar información o hacer evacuar de oficio las pruebas que considere pertinentes.

De igual forma, en el nuevo marco procesal previsto en la LOJCA venezolana, se incorpora la figura del despacho subsanador, como elemento que procura favorecer el ejercicio de la acción y evitar sacrificar la justicia ante formalidades no esenciales. Así, el artículo 36 de la disposición legal *in commento,* busca precisamente, solventar errores y dilucidar confusiones surgidas con relación a la demanda presentada por el justiciable, en pro de la consecución de la justicia y tutela judicial efectiva, situación que de ser observada por el juez, llevará a que se le solicite a la parte actora la corrección de los errores incurridos o bien requerir que sean dilucidadas las dudas derivadas del escrito libelar.

Ahora, al momento de trasladar el principio inquisitivo a la teoría de las nulidades, tenemos que ha sido estimado de forma reiterada y asentada, que de ser observado por parte del juez un vicio que conlleva la nulidad de un acto administrativo, este puede pronunciarse aun cuando no haya sido un hecho o argumento expuesto por alguna de las partes. Así, la Corte Primera de lo Contencioso Administrativo en sentencia del 27 de marzo de 1985, con ponencia de la Magistrado Hildegard Rondón de Sansó, sostuvo que es posible y valedero que «... *el juez se aparte de las impugnaciones aducidas por los recurrentes y haga valer consideraciones propias que lo lleven a la convicción de que un acto está viciado sin que ello afecte la validez del fallo...*».

Del mismo modo, podemos traer a colación la sentencia de fecha 16 de diciembre de 1981, dictada por la extinta Corte Suprema de Justicia en Corte Plena Accidental, con ponencia del Magistrado José Luis Aguilar, donde se determinó lo siguiente:

> «... en principio esta decisión debería referirse solamente a aquellos artículos de la Ordenanza cuya nulidad ha sido expresamente solicitada

por los actores. Sin embargo, de conformidad con lo dispuesto en el artículo 82 de la recién citada Ley, esta Corte Plena Accidental considera que puede y debe pronunciarse, si es el caso, sobre la nulidad de otros artículos de la Ordenanza, aunque los actores no hayan hecho solicitud expresa al respecto, si considera que los mismos incurren en violaciones que afectan el orden público, sobre todo si se trata de cuestiones de orden público eminente...».

Así, la disposición normativa a la que hace referencia la sentencia parcialmente citada, señalaba que *«La Corte conocerá de los asuntos de su competencia a instancia de parte interesada, salvo en los casos en que pueda proceder de oficio de acuerdo con la Ley»*, ello consagrado en la derogada LOCSJ. Sin embargo, dicha facultad se encuentra prevista en términos similares en la vigente LOJCA que sostiene bajo el nombre de iniciativa procesal que *«Los órganos de la Jurisdicción Contencioso Administrativa conocerán a instancia de parte, o de oficio, cuando la ley lo autorice»*.

De igual forma, tenemos que dicho criterio se mantiene vigente, de allí que podamos mencionar la sentencia N° 674 del 8 de marzo de 2003 de la Sala Político Administrativa del TSJ de Venezuela, con ponencia del Magistrado Levis Ignacio Zerpa, donde sostuvo que el principio inquisitivo faculta al juez *«... a corregir irregularidades que no hayan sido alegadas por las partes, con base en el principio del control de la legalidad y del orden público...»*. Dicha decisión ha sido ratificada numerosas veces entre las cuales podemos mencionar la sentencia N° 807 del 22 de junio de 2011 y la sentencia N° 386 del 25 de abril de 2012, ambas de dicha Sala.

De esta manera, tenemos que entre las facultades de oficio que ostenta el juez contencioso administrativo se encuentra, el impulso de la causa (art. 4), el auto para mejor proveer (art. 39), la corrección de defectos del procedimiento (art. 57), realizar las actuaciones que estime procedentes para constatar la situación denunciada, así como dictar medidas cautelares (art. 69). En este sentido, vale resaltar que en materia cautelar se otorgan importantes facultades al juez para acordar lo siguiente:

> «...dictar, aún de oficio, las medidas preventivas que resulten adecuadas a la situación fáctica concreta, imponiendo órdenes de hacer o no hacer a los particulares, así como a los órganos y entes de la Administración Pública, según el caso concreto, en protección y continuidad sobre la prestación de los servicios públicos y en su correcta actividad administrativa...» (Subrayado añadido).

Se contempla entonces una serie de potestades jurisdiccionales bastante relevantes para la protección del justiciable y la garantía de ejecución de lo decidido, que incluyen órdenes de hacer y no hacer, es decir, se concede al Poder Judicial en sede cautelar indicarle a la Administración que debe o que no debe realizar, no solo en materia de servicios públicos, sino en lo que concierne a la actividad administrativa en general.

Lo anterior sin dudas, constituye un paso relevante para la efectividad de los mecanismos judiciales que conforman el derecho procesal administrativo, siempre y cuando ello sea ejecutado en la práctica.

Podemos concluir entonces, que el juez dentro del derecho procesal administrativo venezolano, cuenta con atribuciones para ir más allá de lo pretendido en el escrito libelar, estando facultado para acordar medidas cautelares y preventivas de oficio, requerir medios de prueba dirigidos a dilucidar hechos controvertidos, además de preservar el orden público y procurar el control de legalidad de lo sujeto a su juzgamiento, lo que supone una postura bastante activa en la dirección y decisión de la causa.

Teniendo presente los principios rectores del proceso judicial administrativo, pasemos entonces a estudiar los denominados poderes del juez contencioso-administrativo.

B. De los Poderes del Juez

El poder que es capaz de ejercer el juez de la denominada Jurisdicción Contencioso Administrativa sobre la Administración Pública ha sido un tema de debate doctrinario y jurisdiccional desde el siglo XVIII cuando en Francia es adoptada la Ley de 16-24 de agosto de 1790 y del Decreto Fructidor el año El, en virtud del temor a la intromisión del Poder Judicial sobre el Poder Ejecutivo, prohibiéndose a los jueces el conocimiento de litigios en los que estuviese vinculada la Administración. Así, nos señala Neher J.A. en referencia a Rivero J. que como consecuencia de lo anterior *«dichos litigios eran resueltos por el mismo Ejecutivo, dentro del contexto de la 'justicia retenida', dando así origen a la figura del 'Ministro-Juez'»* (p. 6).

Cuando observamos al marco constitucional venezolano, bien en lo que respecta al Poder Judicial, así como en lo que concierne la *Jurisdicción Contencioso Administrativa,* diera la impresión que ha sido consagrado a favor del ciudadano un sistema de administración de justicia efectivo, capaz de proteger y garantizar los derechos del justiciable. Sin embargo, los llamados *poderes del juez contencioso administrativo,* a pesar que continuamente se califican como «amplios» no son siquiera capaces de ejecutar lo juzgado, ello no solo como consecuencia de las prerrogativas procesales de la Administración, sino también por imprecisas e inadecuadas interpretaciones de los mecanismos jurisdiccionales, así como por el inexacto análisis de la separación o autonomía de las ramas que conforman el Poder Público.

En este sentido, tenemos que Beltrán de Felipe (1995) en referencia a De Enterría, sostiene que la sustitución del juez se justifica en su relación con la efectividad de la tutela judicial, en el sentido que *«... la sustitución es la clave para conseguir una protección [real] y no [nominal]...»* (p. 108).

De manera que el tema bajo estudio se aboca a elementos inherentes a la existencia de un Estado de Derecho y de Justicia, puesto que nos referimos a la tutela judicial efectiva en los órganos judiciales que controlan la legalidad de las actuaciones del Estado, situación que debe examinarse frente al Principio de separación del Poder Público, lo que resalta la importancia que tiene determinar el grado o posibilidad de ejecución de las decisiones emanadas de dichos tribunales, ello, vinculado principalmente, al tema de las prerrogativas procesales, puesto que tales presupuestos podrían afectar una serie de derechos y garantías fundamentales de los justiciables, a quienes, en definitiva les interesa, no solo que se dicte una decisión, sino que la misma sea factible de ser ejecutada, es decir, que se haga justicia.

Por otra parte, la visión cada vez más amplia de los Tribunales Contencioso Administrativo ante dichos privilegios y prerrogativas, comienzan a hacer prácticamente nugatorio el ejercicio de las pretensiones judiciales y la existencia de los medios cautelares, puesto que siempre se justifica la protección del Estado en virtud de los fines que este persigue (interés general).

Ya, con el advenimiento de los derechos humanos, se ha afirmado categóricamente la necesidad de un verdadero y efectivo *Sistema de Administración de Justicia,* en el que las decisiones emanadas de las autoridades administrativas puedan estar sujetas al control de legalidad, garantizándose la ejecución de las decisiones condenatorias, lo cual, no solo incide en la tutela judicial efectiva, sino también al sometimiento del Estado al derecho, y correlativamente a la autonomía del Poder Judicial del Poder Ejecutivo.

Así, Hutchinson (2004), en su estudio del proceso de ejecución de sentencias contra el Estado, nos señala que:

> «Los procesos de conocimiento permiten poner fin al litigio determinando con certeza el derecho, pero con ello no se agota la función jurisdiccional No se restablece la paz social por el simple hecho de haber reconocido el derecho de una de las partes a determinada prestación. Si el vencido en el proceso de conocimiento no cumple, habrá que obligarlo a cumplir. En otras palabras, si no se ejecuta voluntariamente la sentencia habrá lugar a la ejecución forzosa». (p. 290)

En virtud de lo precedente resulta relevante estudiar dentro del marco de la tutela efectiva de derechos y desarrollo jurisdiccional tanto el régimen de ejecución de las decisiones emanadas de los Tribunales Contencioso Administrativo, en aras de establecer una visión crítica a muchos de los criterios hasta ahora asumidos por los operadores jurídicos, así como por la Legislación Nacional, que, en definitiva, más que velar por el Estado de Derecho y el interés general, han optado por una visión proteccionista del patrimonio y bienes de la Administración Pública, por lo que deviene oportuno centrarse en la extensión de las facultades jurisdiccionales, que tal y como sostiene Beltrán de Felipe ob. cit. en referencia a Tornos, Bassols y Gabaldón *«la atención debe dirigirse a los poderes que se dan al juez para imponer a la Administración una actuación positiva en cumplimiento de la sentencia»,* por cuanto *«no es suficiente la proclamación constitucional de someter a la Administra-*

ción a la potestad del juez ejecutor para que se dé efectividad a las sentencias si al propio tiempo no se le ofrecen vías para la ejecución forzosa» (p. 105).

De allí que deban plantearse y proponerse críticas constructivas y soluciones coherentes que permitan ejecutar las decisiones de dichos tribunales, así como también, salvaguardar el Estado de Derecho, ante muy específicas circunstancias, no necesariamente como regla general pero sí al menos como excepción en aras de observar el Principio de Separación de Poderes. Lo que nos llevaría a analizar la efectividad del derecho procesal administrativo como medio capaz de garantizar la tutela de los derechos de los justiciables, así como examinar hasta qué punto resulta viable en la ejecución forzosa de la sentencia definitiva exigir al Estado, el cumplimiento de lo decidido, escenario que nos llevará a estimar la posibilidad de que el juez *sustituya*, de ser necesario, la actividad o función administrativa.

De este modo, al observar la doctrina y jurisprudencia venezolana, tenemos que resulta muy común sostener que el juez contencioso administrativo ostenta amplios poderes para la dirección y resolución de la controversia, ello seguramente tiene su base constitucional en la facultad para realizar *todo lo necesario en aras de restituir la situación jurídica infringida* (art. 259 CRBV). Sin embargo, las normas legales que conforman el derecho procesal administrativo no parecieran ajustarse a ese criterio de amplias facultades que supuestamente ostenta el juez, delimitando numerosas prerrogativas procesales a favor de la Administración, entre las cuales se encuentra la inembargabilidad de bienes, así como un procedimiento especial ¡para la ejecución de las sentencias, disposiciones de la justicia administrativa que limitan de manera profunda el poder del juez para restituir la situación jurídica y lograr una tutela judicial efectiva del ciudadano frente a la Administración.

Ahora, la noción de poderes del juez no es propia o exclusiva del contencioso-administrativo, dado que realmente se toma de la naturaleza del Poder Público y concretamente del ámbito procesal civil, ello como consecuencia del ejercicio de la función jurisdiccional que en definitiva representa una cuota del Poder de Imperio del Estado ejecutado a través de los órganos de administración de justicia.

a. Poder Jurisdiccional

Para Rengel-Romberg (1999) *«... los diversos poderes que ejercita el juez en el proceso, no son más que la individualización o especificación de aquella función y son en cierto modo poderes-deberes...»*, ello en virtud de que la jurisdicción constituye una función pública a favor del interés general, por tanto, *«... el Estado no solo puede ejercitarla, sino que también, concurriendo las condiciones, debe ejercitarla...»*. (p. 277 y 278). Estos poderes jurisdiccionales son vinculados conforme (i) al derecho, los hechos, las máximas de experiencia y (ii) los poderes procesales.

Respecto a los primeros, tenemos que para Rengel-Romberg, el principal y más importante poder del juez es el de dictar sentencia y decidir la controversia. De esta forma, el poder de decisión se encuentra íntimamente vinculado al régimen de legalidad, puesto que para decidir la causa el juez «... *debe ajustarse a las disposiciones de derecho*...». La segunda vinculación de ese poder jurisdiccional deriva del conocimiento de los hechos (*quaestio facti*) «... *porque las consecuencias jurídicas previstas en las normas generales y abstractas, están ligadas a la realización de ciertos hechos*...», esta segunda vinculación, debe estar subsumida a las alegaciones de las partes, así como de los medios de convicción dirigidos a demostrar la verdad o falsedad de los mismos (pruebas), lo que finalmente llevará a una última vinculación que estará referida a lo que conste en autos «... *a lo alegado y probado en las actas escritas o expediente de la causa, y el juez no puede sacar elementos de convicción fuera de estos*...», presentando como excepción al principio dispositivo los conocimientos comprendidos en la experiencia común o máximas de experiencia, (p. 278 ala 282).

Otro poder jurisdiccional que destaca el autor, es el de apreciación de los hechos y de las pruebas, puesto que a la hora de dictar sentencia, el juez debe seguir un proceso mental «... *que lo lleva a formarse su convicción para decidir*...» Agregando finalmente el poder de establecer o admitir presunciones hominis, que son «... *aquellas que no están establecidas por la ley, pero que el juez puede admitir cuando sean graves, precisas y concordantes, y solamente en los casos en que la ley admite la prueba testimonial*...», ello con base en el artículo 1.399 del CC venezolano (p. 287 y 288).

En cuanto a los poderes procesales, nos señala Rengel-Romberg (1999), en primer lugar, el poder de dirección y gobierno del proceso, desde su inicio hasta su conclusión, ello de conformidad con el artículo 14 del CPC. Asimismo, continúa el autor con el poder de sustanciación o instrucción «... que consiste en tramitar el juicio desde la demanda, oír alternativamente a ambas partes (...), admitir y evacuar pruebas (...) y, en general, poner el juicio en estado de dictar sentencia...» (p. 292).

Otro poder procesal del juez será el de llamar a conciliación a las partes en cualquier estado del juicio, tal y como lo contempla el artículo 257 del CPC, facultad que actualmente se encuentra mucho más afianzada en virtud del mandato constitucional dispuesto en los artículos 257 y 258 de la CRBV. De igual forma, agrega el autor la facultad de dictar auto para mejor proveer después del acto de informes en el lapso de quince días (previo a dictar sentencia), atribución que como hemos observado en el ámbito contencioso-administrativo resulta mucho más amplia en virtud de que no se limita al juez al lapso contemplado en el CPC. (p. 292 y 293).

Por último se presenta un poder que permite que el proceso judicial sea real y efectivo, esto es, ordenar el cumplimiento de la sentencia, siendo que en el ámbito procesal civil, se admite que en ejercicio de esa atribución el juez pueda hacer uso de la fuerza público si es necesario (p. 293 y 294). Así, el artículo 21 del CPC dispone lo siguiente:

«Los Jueces cumplirán y harán cumplir las sentencias, autos y decretos dictados en ejercicio de sus atribuciones legales, haciendo uso de la fuerza pública, si fuere necesario. Para el mejor cumplimiento de sus funciones, las demás autoridades de la República prestarán a los Jueces toda la colaboración que éstos requieran».

Podemos observar que, en definitiva, los poderes jurisdiccionales y procesales están abocados esencialmente a un objetivo, que el juez dicte y ejecute sentencia, lo cual, resulta lógico, puesto que esta es la razón de ser del servicio de justicia, lograr de forma real y efectiva la tutela de intereses jurídicos.

Sin embargo, veremos seguidamente que el tratamiento otorgado a los poderes del juez en el derecho procesal administrativo, se mueve en líneas contradictorias, donde por una parte se pretende conceder mayores facultades al juez para la resolución de la controversia, pero por otra, se contemplan diversos privilegios procesales a favor de la Administración que terminan por obstaculizar la tutela judicial efectiva.

b. Poderes del juez contencioso-administrativo

Lo primero a destacar tanto de la doctrina como de la jurisprudencia venezolana, es que se sostiene que el juez contencioso-administrativo está dotado de amplios poderes para dirigir y resolver la litis, subsumiendo su función jurisdiccional en el principio inquisitivo, especialmente cuando se trata del control de legalidad de actos administrativos.

Para el profesor Araujo Juárez (2004), el derecho procesal administrativo concede nuevas facultades al juez, entre las cuales se encuentra el dictar medidas de urgencia, donde se admite:

(i) la suspensión del acto administrativo en vía jurisdiccional, ello como excepción a la ejecutividad y ejecutoriedad de las actuaciones del Estado «*... estableciendo como condición para hacerlo, o bien la habilitación legal o ya la constatación de ¡a circunstancia de que tal medida cautelar sea indispensable como medio de protección para evitar perjuicios irreparables...*».

(ii) la declaratoria de urgencia donde se faculta al juez para reducir plazos establecidos en los procedimientos «*... por tanto, donde aparece la necesidad de no seguir el procedimiento normal pueden reducirse a mitad los plazos...*», medida que según el autor, solo procede en el contencioso de nulidad y;

(iii) declaratoria de mero derecho, igualmente en el contencioso de nulidad, donde el juez se encontraría facultado para declarar el proceso como de mero derecho y, por tanto, sin régimen de pruebas «*... cuando así lo decida el juez (...) en ejercicio de una facultad inquisitiva...*». (p. 346 a la 349).

Es importante destacar que la facultad de suspensión del acto administrativo, actualmente se encuentra prevista en el artículo 69 de la LOJCA, mientras que la reducción de lapsos procesales antiguamente consagrado en el artículo 135 de la derogada LOCSJ, no tiene semejante en la LOJCA, no obstante, se admite la supresión del lapso de evacuación de pruebas cuando los medios promovidos no requieran evacuación (*vid.* art 62 *eiusdem*). Asimismo, se consagra el procedimiento breve ante reclamos por la omisión, demora o deficiente prestación de los servicios públicos, vías de hecho y abstención de la Administración, ello conforme a los artículos 65 y siguientes de la LOJCA.

En este orden de ideas, Pasceri (2003), sostiene que el juez contencioso administrativo, debido a la naturaleza de la materia sobre la que ejerce control, entiéndase función, administrativa en sentido material y/o formal «... *tiene holgados poderes para establecer en su decisión diversas circunstancias con la finalidad de conocer con mayor amplitud los hechos que son narrados por el accionante, restablecer la situación lesionada o para asegurar la efectiva ejecución de la sentencia...*» (p. 293 y 294).

Ahora, al momento de examinar la, figura de la sentencia y su ejecución, es considerado que el juez tiene el poder de resolver la controversia y hacer cumplirla por las partes al revestir su decisión con el carácter de cosa juzgada. Para Araujo Juárez (2004), el poder del juez contencioso-administrativo ante la sentencia variará conforme se trate «... *de un contencioso de nulidad o de un contencioso de derechos...*». (p. 353).

Así, estima el autor que cuando se trata del llamado contencioso de derechos (pretensiones con contenido patrimonial), la función del juez será más compleja, siendo sus poderes «... *comparables a aquellos que detenta un juez común frente a los particulares...*», ya que hay más que una anulación a un acto administrativo, resultando posibles los siguientes pronunciamiento: (i) la declaración de invalidez; (ii) el restablecimiento de las situaciones jurídicas subjetivas lesionadas; y (iii) la condena al pago de sumas de dinero y a la reparación de los daños y perjuicios originados por responsabilidad administrativa. (p. 353).

Por su parte, cuando la pretensión se refiere a la nulidad de un acto administrativo, antiguamente conocido como contencioso de la nulidad «... *el juez no puede hacer otra cosa sino anular el acto objeto de impugnación por ilegalidad...*», agregando el autor que el juez no podrá «... *sustituir a la autoridad administrativa competente...*», lo que indicaría que el juez debe circunscribirse a establecer si el acto administrativo es o no ilegal. En este sentido, añade el autor que «... *hay una prohibición para el juez en lo atinente a la reforma del acto, de sustitución o condenatoria (...) tampoco puede sustituirse en el ejercicio de las competencias de la autoridad administrativa...*». (p. 354 y 355).

Lo expuesto ciertamente tiene asidero en el principio de separación de poderes, fundamento que ha sido observado por el marco jurídico venezolano como la imposibilidad del juez en subsumirse en la actividad administrativa, generando obstáculos relevantes para el cumplimiento del fin último de la función jurisdiccional, esto es, ejecutar lo juzgado. Observemos entonces las facultades y capacidad de actuación del juez contencioso-administrativo en lo que concierne a la ejecución de la sentencia definitiva.

2. El Poder de Sustitución del Juez en la función administrativa

Cuando hacemos referencia a la tutela efectiva de derechos y concretamente a la ejecución de las decisiones judiciales en el ámbito del derecho procesal administrativo, surge siempre la interrogante referida a los límites de la función jurisdiccional frente a la función administrativa, en el sentido de establecer hasta qué punto la sentencia y su correlativa ejecución frente a la Administración constituyen competencias propias del Poder Judicial o si por el contrario, en el ámbito contencioso-administrativo debe cederse dicha autonomía total o parcialmente al Poder Ejecutivo. Con el objeto de delimitar esta clásica controversia, surgida del Principio de Separación de Poderes, que es esencialmente el tema, que atañe a este trabajo, resulta necesario concatenar los principios y facultades anteriormente estudiados, con el fin de verificar el alcance de la función jurisdiccional frente a la actividad administrativa, para lo cual será de particular relevancia analizar la naturaleza de la condena, de íntima vinculación con la pretensión contenida en el escrito libelar.

En este tema podemos encontrar posturas relativamente constantes, sin embargo, algunas son más restrictivas que otras frente a la idea de sustitución del juez en la Administración. Así, tenemos que para Hernández, J. I. (2006), el estudio de la pretensión procesal administrativa «... *supone siempre la sustitución del juez contencioso administrativo sobre la voluntad Administración...*». (p. 304). Por otra parte, Neher (1989), estima que el fenómeno del Juez-Ministro aparece en el seno mismo de la función jurisdiccional «... *cuando el juez, en su afán de quererlo todo controlar y hasta llegando a sentirse superior jerárquico de la Administración, traspasa las fronteras o desvía de los fines de la misión de control que le ha sido atribuida...*». Agrega Neher que esta situación es también resultado de la sujeción al principio de legalidad y respeto de los derechos de los particulares a que se somete toda actuación de la Administración, idea «... *usualmente presente en la mentalidad del juez, pero muchas veces ausente del espíritu del administrador...*», circunstancia que ha originado estos «... *conflictos interpoderes que han dado lugar al desarrollo del Juez-Ministro...*». (p. 7 y 8).

En cuanto respecta a la jurisprudencia venezolana, esta ha otorgado una interpretación bastante amplia y pro tutela efectiva, a las facultades del juez contencioso-administrativo, asumiendo como base constitucional la atribución de restitución de situaciones jurídicas previsto en el artículo 259 de la CRBV, pudiendo traerse a colación la sentencia N° 695, de fecha 18 de abril de 2007, caso: *Ley de Arrendamientos Inmobiliarios*, donde la Sala Constitucional del TSJ, sostuvo lo siguiente:

> « ... en cuanto a que el artículo 79 del Decreto con Rango y Fuerza de Ley de Arrendamientos Inmobiliarios es (...) 'inconstitucionalmente limitativo de las potestades restablecedoras del juez', ya que dicha potestad no puede circunscribirse 'a la declaratoria de nulidad del acto administrati-

vo sino que (...) puede sustituir el canon de arrendamiento que hubiere anulado por el que resulte correcto, con fundamento (...) en los mismos aspectos (...) en que se hubiera basado la Administración para ello'...».

De esta forma, podemos observar cómo existen diversas posturas respecto al papel del juez contencioso-administrativo frente a la Administración, siendo que históricamente, se ha estimado que el juez al controlar una actuación de la Administración, está en cierto modo realizando una función de índole administrativa, por lo menos en lo que concierne al proceso de cognición de la Administración, puesto que no solo podrá declarar la nulidad de lo actuado, sino que además examinará el desarrollo del procedimiento administrativo y los derechos subjetivos del particular, es decir, revisará todo lo sustanciado por la autoridad administrativa y la relación jurídica que se ha suscitado en el seno de la Administración. Es por ello que al momento de surgir la *jurisdicción contencioso administrativa*, se estimó que cuando el juez juzgaba a la Administración, este también administraba, lo que conllevaría en Francia a la creación de órganos jurisdiccionales en el Poder Ejecutivo, para evitar esta idea de invasión del juez en la Administración. Sin embargo, la tendencia doctrinal y jurisprudencial de las últimas décadas ha reclamado una tutela judicial efectiva, la cual, no puede limitarse a un simple control de legalidad objetivo de la actividad administrativa, situación que nos lleva al propósito del presente trabajo.

En consecuencia, y visto el debate que puede suscitarse con relación al Principio de separación de poderes, debemos observar y delimitar qué es realmente función jurisdiccional, en los términos de la tutela efectiva de derechos y poder de restitución de la situación jurídica infringida, y qué es exclusiva y excluyentemente función administrativa, puesto que, al analizar el poder de sustitución del juez, desde la perspectiva judicial, el operador jurídico al examinar la legalidad de lo actuado por la Administración, está desarrollando una exclusiva función jurisdiccional, así como cuando analiza la legalidad de una relación jurídica privada, buscando determinar si hay lugar a la anulación de un negocio bilateral, indemnizaciones, etc., sin que ello suponga sustitución de la autonomía de la voluntad, libre disposición de bienes o derechos.

Simplemente, al juez le corresponde restituir aquellas circunstancias que se entienden como contrarias a derecho.

A. El poder de sustitución del juez ante la junción administrativa formal

En primer lugar, debemos establecer una relevante diferencia entre la génesis de la competencia que faculta a la Administración para crear, modificar o extinguir los derechos de los particulares y la génesis de las competencias jurisdiccionales que ejecuta el juez contencioso-administrativo. Como es sabido, ambas parten de una base constitucional y de conformidad con el principio de legalidad, lo que implica que sus atribuciones deben encontrarse establecidas en un texto de rango constitucional o legal (*vid.* artículo 137 de la CRBV). Así, la Administración procura ejecutar el derecho que ha sido aprobado por el mismo ciudadano a través de su representante parlamentario ante el Poder Legislativo, lo que básicamente implica que el Ejecutivo cumple con una habilitación otorgada por la sociedad, al ejecutar la ley vigente. Ello tiene por objeto, asegurar el Estado de Derecho, pero igualmente, satisfacer el interés general, ya que las facultades legalmente otorgadas al Poder Ejecutivo no solo conceden un poder a la Administración, sino también obligaciones frente a los ciudadanos.

Por su parte, el juez estará abocado a restablecer la situación jurídica lesionada (art. 259 de la CRBV), de modo que más que invadir la actividad administrativa, su ejercicio se circunscribe a sostener el orden jurídico en las relaciones entre la Administración y los particulares y entre distintas organizaciones personificadas de derecho público, con especial énfasis en la salvaguarda del ciudadano frente al abuso de poder de la Administración, de allí que, si esta actúa ajustada a derecho, el juez debería desestimar la pretensión del particular, lo que en principio indicaría que no podría anular la actuación administrativa, aunque sí podrá, eventualmente ordenar el pago de daños y perjuicios aun cuando se trate de una actuación lícita, siempre que ello conlleve un agravio que el ciudadano no deba soportar, ello con base en la responsabilidad patrimonial del Estado y equilibrio de las cargas públicas (art. 140 CRBV).

Cuando buscamos delimitar el poder de sustitución del juez frente a la función administrativa formal, debemos partir del hecho de que el juez, no podría crear un acto administrativo a través de la sentencia, bien interlocutoria o definitiva, que resuelve el *thema decidendum*, ello se entendería, como una función reservada a la Administración, sin embargo,, ello no impide que el juez moldee o delimite la voluntad de la Administración y direccione, en cierto modo, el acto administrativo que deberá ser dictado posteriormente, no solo mediante las interpretaciones de derecho y demás consideraciones referentes a la potestad administrativa y derechos subjetivos, sino también en virtud de las potestades jurisdiccionales constitucionalmente reconocidas, que permitirán al juez ordenar a la Administración determinadas actuaciones o comportamientos frente al ciudadano.

Es por ello que se ha valorado en los capítulos anteriores el principio de separación de poderes, puesto que el tema bajo estudio requiere delimitar precisamente cuándo tenemos ejercicio de función jurisdiccional en la valoración de la pretensión que se presenta ante el juez contencioso administrativo y cuándo tenemos una función administrativa propiamente dicha que se entienda vedada al Poder Judicial.

Del mismo modo el estudio de la tutela judicial efectiva, nos permitirá examinar hasta qué punto resultará' necesario una actuación del juez que se entienda como indispensable en la restitución de la situación jurídica infringida y en la salvaguarda de los derechos tutelados, en especial cuando el fin del proceso requiera de la ejecución de la sentencia definitivamente firme, ello siempre en los límites de la jurisdicción.

En este orden de ideas, vale referirse a la sentencia de fecha 7 de diciembre de 1982 de la Corte Primera de lo Contencioso Administrativo, con ponencia de Román Duque Corredor obtenida del libro de Brewer-Carías y Ortíz Álvarez, *Las Grandes Decisiones de la Jurisprudencia contencioso administrativa (1961-1996)*, donde se analizó lo decidido por el juez de instancia frente a las competencias del Poder Público Municipal, de la siguiente forma:

> «... En la sentencia apelada se puede concluir que el juez a quo incurrió en usurpación de funciones cuando modificó actos administrativos dictados por autoridades municipales con atribuciones perfectamente definidas en materia de control y ejecución de normas urbanísticas. En efecto, el Juez de Primera Instancia, al considerar que el Oficio N° 0144 de 14 de abril de 1975 emanado de la Oficina Metropolitana de - Planeamiento -Urbano, era un Plan General de Desarrollo Urbanístico, el cual tenía de acuerdo al mismo juez 'fuerza de cosa decida', que conforme a dicho oficio, el acceso debía ser por la Calle 3 (...) y no donde aparecen los Permisos de Movimientos de Tierras y Construcción (...) ni más ni menos que está modificando estos actos administrativos.
>
> Igualmente, al señalar como único acceso al inmueble de la recurrente el anteriormente señalado, el juez a quo modificó la aprobación de vialidad, zonificación y parcelamiento del anteproyecto de la urbanización Los Riscos...».

Finalmente sostuvo la Corte que, al disponer el juez de la causa que solo existía un acceso al inmueble de Nupeco de Promociones C.A., modificó diversos actos administrativos y documentos públicos, lo que a criterio de la Alzada constituyó usurpación de las funciones de la Administración municipal.

Sin embargo, criterios como el expuesto deben ser examinados con base en las competencias que el juez contencioso administrativo pueda ostentar en materias especiales, así como también en concatenación con la actividad administrativa desplegada, en aras de delimitar los límites de la función jurisdiccional, puesto que si bien, en el caso antes examinado, el juez de instancia prácticamente creó un acto administrativo nuevo a través de su decisión judicial, la jurisprudencia venezolana generalmente admite la instrucción sobre la Administración para que se procure una verdadera restitución de la situación jurídica infringida.

En este orden de ideas, tenemos la sentencia del 21 de junio de 1990 de la Sala Político Administrativa de la extinta Corte Suprema de Justicia, con Ponencia del Magistrado Román Duque Corredor (Caso: *Radio Rochela* C.A.), donde dicho órgano jurisdiccional, ante la negativa del registro de una marca denominada «LOS FANTÁSTICOS», no solo acordó la anulación del acto administrativo emitido por el entonces Ministerio de Fomento, sino que además ordenó *«...el registro de la marca y la expedición del certificado de registro...»*, ello con base en el artículo 206 de la Constitución venezolana de 1961, hoy artículo 259 de la CRBV, de manera que se trata de un criterio totalmente vigente desde la perspectiva del significado y alcance de *la restitución de la situación jurídica infringida*.

Vemos como el juez, no procedió a dictar un acto de registro de marca, sino que ordenó a la Administración a hacerlo. Si bien el objetivo será el mismo, se mantiene el umbral entre función jurisdiccional y función administrativa, puesto que el registro de la marca se perfeccionará con la actuación de la autoridad administrativa competente.

En contraste con lo expuesto, vale la pena citar la sentencia del 7 de octubre de 1985 dictada por la Corte Primera de lo Contencioso Administrativo, con ponencia de la Magistrado Armida Quintana Matos, donde el extinto Tribunal de la Carrera Administrativa, conociendo de un recurso contencioso administrativo funcionarial, sustituyó el acto administrativo objeto de impugnación, en el que se había acordado la destitución del accionante, por un acto de suspensión del cargo sin goce de sueldo, dejando lo decidido bajo situaciones condicionales y futuras. Si bien en ese caso la Corte anuló el fallo, su análisis se dirigió a la pretensión del querellante, por cuanto, el juez de instancia se apartó de la misma «*... declarando cosa distinta a la solicitada por las partes...*». Traemos a colación dicha decisión, puesto que precisamente estamos en presencia de una sentencia (la de lera instancia) que más allá de controlar la legalidad del acto, procedió a crear una nueva declaración de índole administrativo referida a la relación funcionarial que existía entre un ciudadano y el Instituto Venezolano de los Seguros Sociales, es decir, cambió o modificó directamente un acto administrativo.

Es precisamente en estos casos donde debe acudirse a los principios fundamentales del derecho público, concretamente el principio de separación de poderes, pero sin obviar que el derecho procesal administrativo («Jurisdicción Contencioso Administrativa») no es solo un medio sino también un fin en la consecución de la justicia, es decir, debe contar con herramientas efectivas para el justiciable.

Se observa que el poder del juez frente a la función administrativa formal presenta un sutil umbral, sin embargo es perfectamente delimitable, puesto que baste con que el juez se circunscriba a sus potestades jurisdiccionales frente al Estado, entiéndase anulación, condena, órdenes de hacer o no hacer, etc., dejando a la Administración la obligación de acatar lo decidido, o de lo contrario, podrán iniciarse procedimientos sancionatorios contra los funcionarios que hayan desacatado la sentencia e igualmente surgirá un nuevo derecho en el justiciable, ahora lesionado por la contumacia de la Administración, de reclamar daños y perjuicios, en caso de que éstos se verifiquen.

En este orden de ideas, buscando ahondar en los límites del poder del juez frente a la función formal de la Administración, podemos citar la sentencia del 4 de agosto de 1986, dictada por la Sala Político Administrativa de la extinta CSJ de Venezuela, con ponencia del Magistrado Luis Farías Mata, donde estimó que la pretensión del accionante -referida no a la anulación del acto dictado sino a la reposición del procedimiento administrativo-, excedía los límites de la función jurisdiccional, en los términos siguientes:

> «...el contencioso administrativo agota su cometido en la confirmación del acto impugnado a través de la declaratoria sin lugar del recurso o, en su caso, la anulación -total o parcial- del mismo (...) No pueden extenderse, por tanto, esos poderes a la intromisión judicial en la intromisión administrativa mediante una reposición de ésta por vicio de forma (...).
>
> Facultad de reposición que, en cambio, sí conserva el funcionario al decidir un recurso administrativo (...), tratándose, como en efecto sucede, de actuaciones realizadas y revisadas por la propia Administración....».

La sentencia anteriormente descrita pudiera servir para puntualizar los límites del poder jurisdiccional del juez frente a la Administración. Como vemos, si bien el juez puede llevar a cabo la revisión y de ser el caso la anulación de un acto administrativo, las atribuciones para la sustanciación del procedimiento en sede administrativa corresponden a la autoridad competente, de allí que la reposición de un procedimiento vendría a conformar función administrativa formal, bien en la realización de un acto de mero trámite dentro de un procedimiento o bien mediante la revisión en sede administrativa de sus propios actos, ya sea con base en la autotutela o ante el ejercicio del recurso de reconsideración.

Sin embargo, vale destacar que el juez tendría la facultad para ordenar a la Administración realizar determinados actos que conforman función administrativa formal, de allí una clara delimitación entre la función jurisdiccional del juez contencioso-administrativo y la actividad administrativa. Una cosa será «ordenar» a la Administración emitir una nueva actuación y, otra muy distinta, será que el juez proceda mediante sentencia a dictar o crear un nuevo acto administrativo.

Ciertamente, al momento en que el juez analiza la pretensión del justiciable y acuerda la anulación de un acto administrativo o declara el mal funcionamiento de un servicio de la Administración, nos encontraremos en cierto modo ante la sustitución del órgano jurisdiccional frente al órgano o ente administrativo, ya que dicho pronunciamiento judicial conlleva un análisis del ejercicio de la potestad administrativa y su correlativa forma de ejecución (conforme a los términos legales), si bien será la Administración quien deba proceder -inicialmente- a la declaración administrativa, pero bajo los lineamientos que el juez dispuso en sentencia..

De igual manera, a la hora de establecer los límites de la función jurisdiccional frente a la Administración, resultará necesario que el juez valore el título jurídico habilitante, en el sentido de examinar los límites de la potestad administrativa, bien sea que se trate de una facultad reglada o por el contrario discrecional, circunstancia que igualmente delimitará el poder del juez al momento de disponer una orden de hacer a la Administración. Esto se presenta como el umbral que deberá estudiar el operador judicial en lo que concierne al equilibrio entre el principio de separación de poderes y la efectividad de los mecanismos judiciales de la llamada «Jurisdicción contencioso administrativa».

Ahora bien, aun cuando hemos analizado límites básicos del poder de sustitución del juez, bien frente a la función administrativa formal, debe tenerse en consideración que en determinados casos, la legislación venezolana ha ido más allá de estas aparentes limitaciones y ha facultado, en ciertos casos, por vía legal, otras actuaciones jurisdiccionales que perfectamente podrían ser subsumidas en la función administrativa formal. Observemos algunas de ellas:

a. El Poder de sustitución del Juez en obligaciones de carácter tributario

Cuando se hace referencia al poder de sustitución del juez en el ámbito tributario, la jurisprudencia venezolana ha asumido de forma bastante literal las facultades previstas en el artículo 259 de la CRBV, así como las facultades otorgadas por el marco legal al llamado juez contencioso-tributario, admitiendo la cuantificación de deudas y determinación de tributos, situación que en principio pareciera estar reservada a la Administración.

En este orden de ideas, vale la pena resaltar un criterio interesante respecto al poder de sustitución del juez frente a la Administración, donde claramente se admite dicho poder jurisdiccional, cuando una determinada actuación sobre el particular no esté contemplada por el legislador de forma, exclusiva y excluyente a favor de la Administración. Así, podemos citar la sentencia N° 2638, de fecha 22 de noviembre 2006, caso: *«Editorial Diario Los Andes»*, dictada por la Sala Político Administrativa del TSJ, donde señaló respecto al poder de determinación del Juez Contencioso Tributario, lo siguiente:

> «Extrae esta Sala que la primera denuncia planteada por el apoderado judicial de la aportante, se refiere a la presunta violación del principio de legalidad, representada en la supuesta usurpación de funciones.
>
> (...*omissis*...).

En tal sentido, el artículo 259 de la Constitución de la República Bolivariana de Venezuela, establece lo siguiente:

> (...*omissis*...)
>
> De la normativa parcialmente transcrita, se observa que los órganos de la «jurisdicción contencioso-tributaria», la cual se encuentra incluida dentro de la contencioso-administrativa, gozan de los más amplios y plenos poderes en el análisis y decisión de los asuntos sometidos a su consideración, extendiéndose más allá del aspecto meramente declarativo de la nulidad de las decisiones administrativas ilegales; es decir, la función jurisdiccional de los tribunales contencioso-tributarios es plena, no se limita simplemente a la revisión de la legalidad objetiva de los actos administrativos emanados de la Administración, sino que además, pue-

de disponer lo necesario para llevar a cabo la restitución de la situación jurídica inflingida...» (subrayado añadido).

En primer término, observamos que la base constitucional del poder del juez contencioso-tributario deviene del marco constitucional del juez contencioso-administrativo, ratificando lo que ya hemos mencionado respecto a sus amplias facultades dirigidas a la restitución de la situación jurídica. De este modo, y siguiendo con el contenido de la sentencia bajo estudio, tenemos lo siguiente:

«Tal competencia, como puede ser observada, proviene en forma exclusiva del Texto Constitucional, y su fundamento o génesis se encuentra en la concepción de Estado de Derecho, lo cual permite el ejercicio de mecanismos de control a todos los jueces perteneciente a dicha «jurisdicción contencioso-administrativa», pues ellos se encuentran investidos en el ámbito de sus funciones, del deber-potestad de velar por la integridad de la Carta Magna, así como garantizar el cumplimiento de lo estatuido en las Leyes.

(...omissis...)

En ese sentido, es prudente señalar lo establecido en los artículos 116 y 117 del entonces vigente Código Orgánico Tributario de 1994, aplicables *ratione temporis* al caso de autos, disponían lo siguiente:

(...omissis...)

De lo anterior se desprende que la lev no señala expresamente que la Administración Tributaria, sea la que posea en forma exclusiva y excluyente la competencia para llevar a cabo el procedimiento de determinación de la obligación tributaria. En efecto, la Ley establece la posibilidad de que sean los mismos particulares los que la puedan llevar a cabo, correspondiéndole posteriormente a la Administración Tributaria la facultad de verificar la misma...».

De esta forma, el órgano jurisdiccional, estimó como un límite del poder de sustitución del juez el carácter exclusivo y excluyente de las actuaciones administrativas, es decir, hasta qué punto, una determinada competencia del Poder Ejecutivo se encuentra reservada plenamente a la Administración, siendo que, de no existir esa reserva administrativa expresa, el juez podrá ejercer un control de legalidad que admita, incluso, ciertas actuaciones de índole formal de la Administración. Finalmente la Sala concluye lo siguiente:

«De lo anterior se deriva que los órganos jurisdiccionales integrantes de la jurisdicción contencioso-tributaria, pueden llevar a cabo la determinación de obligaciones tributarias así como de sus correspondientes sanciones; es decir, proceder al cálculo de la deuda tributaria y sus accesorios, pues dicha determinación radica en la facultad de control que la Constitución y la Ley reconocen a la jurisdicción contencioso-administrativa -y a la especial contencioso-tributaria- sobre la actividad de la Administración, más aún cuando el objeto controvertido desde el punto de vista de ingresos del Estado, es la certeza en la determinación de la cuota tributaria en un asunto determinado...» (Subrayado añadido).

Observado este análisis amplio de poder de sustitución del juez, resulta interesante traer a colación, un concreto debate que surgió precisamente ante esta competencia del juez contencioso-tributario para determinar obligaciones del contribuyente, lo cual, tuvo lugar ante el Juzgado Superior Octavo de lo Contencioso Tributario de la Región Los Andes, quien en sentencia del 14 de abril de 2008, expediente N° 1421, (Caso: *DIMCA C.A.*), sostuvo lo siguiente:

> «Sin embargo, resulta imperativo para este órgano de la Administración de Justicia hacer uso de los poderes de sustitución con los que cuenta el Juez Contencioso Tributario, en atención a que según se verifica de autos la recurrente ha realizado el hecho imponible del Impuesto Sobre Patente de Industria y Comercio, Servicio e índole Similar en la Jurisdicción del Municipio San Cristóbal, durante el período 2006, ahora bien, considerando que del expediente se deducen todos los elementos para determinar el tributo, procede este despacho a cuantificar la deuda en base a los criterios expuestos en la motiva de este fallo (haciendo la aclaratoria que los montos en bolívares serán actualizados a bolívares fuertes, en virtud del decreto de Reconversión Monetaria, publicado en la Gaceta Oficial N° 38.638 de fecha 05/03/2007)».

Vemos que, en similar sentido a la sentencia anteriormente citada, el Juzgado a quo procede a cuantificar la obligación tributaria en los términos establecidos en la decisión. En este sentido, determinado el dispositivo en primera instancia, la representación judicial del Fisco Municipal, apeló exponiendo como argumentos ante la Sala Político Administrativa del TSJ, lo siguiente:

> «La sentencia apelada concluye que se está ante un falso supuesto como vicio de las resoluciones recurridas, y que por ello debe declarar su nulidad. Pero no conforme con ello la Juez de la causa se sustituye a la Administración Tributaria Local y procede a cuantificar la deuda con base en los criterios que ha utilizado en la parte motiva del folio.
>
> (...)
>
> El tema debatido sobre la aplicación de la alícuota y la indebida sustitución efectuada por la Juez de la causa en la Administración Local, en todo caso se trata de una materia que solo podría ser resuelta por el parlamento municipal, mediante una reforma de la actual Ordenanza o mediante otra Ordenanza. Por tanto, este hecho descalifica más aun la sentencia apelada.
>
> En conclusión, en el caso que nos ocupa la Juzgadora de la causa hizo uso indebido del poder de sustitución, lesionando a mi representado el Mu-

nicipio San Cristóbal el derecho a la tutela judicial efectiva y el derecho a la defensa».

Se observa que a criterio de la Administración Tributaria, la determinación de la deuda correspondiente, era competencia exclusiva del Poder Público Municipal, bien de la Administración Tributaria Local o bien del Concejo Municipal, argumentando entonces la representación judicial del Municipio una suerte de usurpación de funciones.

Delimitada la apelación en los términos precedentes, la Sala Político Administrativa del TSJ procedió a resolver el anterior debate, mediante sentencia N° 1009 del 8 de julio de 2009, en los términos siguientes:

> «... debe esta Sala concluir que sí podía el a quo determinar las cantidades correspondientes a tributos y accesorios, concretamente a los montos debidos por concepto de Impuesto de Industria, Comercio, Servicios e índole Similar, así como los intereses moratorios, una vez constatado el incumplimiento por parte de la contribuyente en el pago de tributos, lo cual no constituye una usurpación de funciones, pues es competencia de los jueces tributarios revisar la legalidad o no de los actos administrativos emanados de la Administración, así como verificar la correcta aplicación de los textos legales y, en consecuencia, las determinaciones efectuadas, ya que se encuentran en controversia tanto los intereses patrimoniales del Estado, como los derechos subjetivos de los particulares.
>
> Ello así, esta Sala ratifica una vez más el criterio anteriormente transcrito, al no existir el vicio de falso supuesto en la sentencia objeto de apelación. Así se decide...» (Subrayado añadido).

Si bien el criterio bajo estudio pudiera ser estimado como un análisis muy particular, vemos que de cualquier modo la postura de la Sala es a favor de un control de legalidad amplio y pleno a favor del juez, el cual, también podemos verificarlo en otras relaciones jurídicas de carácter especial, como sería el derecho inquilinario, lo cual, estudiaremos a continuación.

b. El Poder de sustitución del Juez en el derecho inquilinario

A los fines de ilustrar el criterio jurisdiccional en esta materia, resulta conveniente citar el artículo 79 del derogado Decreto con Fuerza y Rango de Ley de Arrendamientos Inmobiliarios (normativa derogada por la Ley para la Regularización y Control de los Arrendamientos de Vivienda, Gaceta Oficial N° 6.053 del 12 de noviembre de 2011), el cual, disponía lo siguiente:

> «Las sentencias que decidan los recursos contenciosos inquilinarios de nulidad contra los actos regulatorios de los cánones máximos de arrendamiento no podrán fijar su monto. La decisión de mérito deberá quedar circunscrita a los poderes de los jueces contenciosos administrativos conforme a la ley especial sobre la materia.

En caso de que sea declarada la nulidad del acto regulatorio mediante sentencia definitivamente firme, el órgano regulador deberá proceder a dictar el nuevo acto conforme a lo establecido en la sentencia judicial, en cuyo caso, deberá reiniciarse un nuevo procedimiento administrativo conservando pleno valor jurídico todas aquellas actuaciones, pruebas y actos que sean acordes con el folio o que no hayan sido declarados nulos por el mismo».

Vemos que la disposición normativa anteriormente citada, procura establecer un límite a la función jurisdiccional, refiriendo la fijación de cánones de arrendamiento exclusivamente a la Administración, ante lo cual, la Corte Segunda de lo Contencioso Administrativo en decisión del 24 de mayo de 2010, desaplicó esa norma por control difuso de la constitucionalidad, exponiendo para ello, los siguientes argumentos:

> «... limita indebidamente la aplicación de la disposición contenida en el artículo 259 de la Constitución de la República Bolivariana de Venezuela; en cuanto a la potestad amplia del Juez contencioso-administrativo de, junto a la revisión de la legalidad y constitucionalidad de la actividad administrativa, disponer lo necesario para el restablecimiento de la situación jurídica subjetiva lesionada...».

Con base en lo precedente, la Corte procedió a anular el acto administrativo dictado en fecha 04 de abril de 2001, por la Dirección General de Inquilinato del extinto Ministerio de Infraestructura e igualmente acordó «... *restablecer la situación jurídica infringida...*» fijando un nuevo canon de arrendamiento para el inmueble objeto de controversia, previo análisis del informe pericial correspondiente a la experticia de avalúo que se evacuó en el proceso.

Dado que se acordó el control difuso de la constitucionalidad de dicha norma, la sentencia bajo análisis fue objeto de revisión de conformidad con lo previsto en los artículos 336, numeral 10, de la CRBV, y 25, numeral 12, de la LOTSJ.

Así, la Sala Constitucional del TSJ, ratificando los criterios contenidos en las sentencias N° 558, de fecha 17 de marzo de 2003, caso: *Ricardo Zandegiacomo Celia Zamberlan y otros*, sentencia N° 2507, del 03 de septiembre de 2003, caso: *María Silvana Balestrini Godoy*, y N° 695, de fecha 18 de abril de 2007, caso: *Ley de Arrendamientos Inmobiliarios*, procedió a decidir la consulta *in commento*, mediante sentencia N° 1343 del 4 de agosto de 2011, en los términos siguientes:

> «... conforme la letra de la disposición normativa transcrita [artículo 79], una vez declarada la nulidad del acto administrativo regulatorio, concretamente aquel que fija un canon de arrendamiento, la sentencia no .podrá determinar un nuevo monto, sino que, por el contrario, el órgano jurisdiccional deberá remitir el asunto a la Administración para que esta, conforme los términos establecidos en la decisión anulatoria, lo vuelva a fijar.

De esta manera, la norma en cuestión limita el contenido del acto de juzgamiento e impide la sustitución judicial en lo que a , la fijación del canon se refiere, además de que hace ineficaz el recurso administrativo de anulación como medio judicial para el restablecimiento de la situación jurídica infringida, lo cual, al mismo tiempo, restringe las potestades que por disposición del artículo 259 de la Constitución de la República Bolivariana de Venezuela le han sido otorgadas al juez contencioso-administrativo, por cuanto este no solo puede anular el acto administrativo impugnado, sino también:.(...) 'disponer lo necesario para el restablecimiento de las situaciones jurídicas subjetivas lesionadas por la actividad administrativa', con base en la apreciación de los alegatos y pruebas presentados durante el proceso...». (Subrayado añadido).

De este modo, la Sala Constitucional del TSJ, reconoció expresamente el poder de sustitución del juez en la Administración, valorando dicha facultad como una garantía del derecho constitucional a la tutela judicial efectiva, todo ello de conformidad con el artículo 259 constitucional y la naturaleza subjetiva del proceso contencioso-administrativo. Así, la Sala dispuso lo siguiente:

- Que la «jurisdicción contencioso administrativa» salvaguarda no solo el interés público que tutela la Administración, sino también los derechos e intereses de los particulares, lo cual es compatible con el sentido, propósito y razón del artículo 259 de la Constitución de la República Bolivariana de Venezuela.
- Que el Juez contencioso-administrativo puede realizar pronunciamientos de condena a hacer o no hacer en contra de la Administración, ordenar la indemnización por los daños y perjuicios ocasionados, e, inclusive, sustituirse en el órgano o ente autor del acto anulado, para proveer en sede judicial aquello a lo que tenía derecho el particular y que le fue negado o , limitado.
- Que disposiciones de rango legal ajenas a las competencias del Poder Judicial que ejercen el control legal y constitucional de las actuaciones u omisiones de las demás ramas del Poder Público y tutelan los derechos y garantías de los justiciables, no pueden limitar o eliminar el ejercicio de tales atribuciones..

Se trata sin dudas de una postura clara y favorable respecto al poder de sustitución del juez ante la función administrativa, incluso de contenido formal, admitiéndose entonces determinar obligaciones tributarias y cánones de arrendamiento, competencias que, en principio corresponden a la Administración Pública. Sin embargo, se acota una vez más que esta actuación del juez procederá como consecuencia de una pretensión del particular ante una actuación ya verificada del Ejecutivo, se trata así de la activación y ejercicio efectivo de la función jurisdiccional.

B. El poder del juez ante la potestad discrecional de la Administración

Otro de los aspectos propios de la potestad administrativa a los que hay que hacer particular estudio, es el referido a la discrecionalidad. En este orden de ideas, podría presentarse ante el juez, el control de legalidad de una actuación administrativa que proviene del ejercicio de la potestad discrecional, circunstancia que según Neher (1989), se encontraría al margen de la actuación jurisdiccional, por cuanto, «*... la figura del Juez-Ministro aparece cuando el magistrado, en su labor de control de legalidad, invade el campo de discrecionalidad otorgado a la Administración...*». (p. 8 y 9). En similar sentido, señala Hernández J.I. (2006) que a la sustitución del juez frente a la Administración «*... se oponen la discrecionalidad administrativa y, en cierta medida, los conceptos jurídicos indeterminados...*» (p. 305).

De esta forma, la Administración al verse en un procedimiento administrativo frente a un particular, no busca dilucidar simplemente una situación concreta, sino que su decisión debe estar dirigida a salvaguardar el interés general, de allí una base esencial para flexibilizar la potestad administrativa, tal y como lo dispuso la Sala Político Administrativa de la extinta CSJ en sentencia del 2 de noviembre de 1982, con ponencia del Magistrado Luis Farías Mata, quien en referencia a Garrido Falla señaló que:

> «...debemos decir no que los actos son reglados o discrecionales, sino que todos los actos, por reglados que sean, existe un poder discrecional mayor o menor, y que en todos los discrecionales, por libres que los supongamos, se ejercita una actividad más o menos reglada...».

Con base en lo expuesto, tenemos una conclusión bastante lógica respecto a los límites de la función jurisdiccional frente a la Administración, ya que, la ilegalidad en el ejercicio de la potestad reglada implica esencialmente un análisis del objeto de la relación jurídico-administrativa, de allí que la postura del juez pueda ir más allá de una simple anulación, admitiéndose las ya mencionadas órdenes de hacer y no hacer, en los extremos legales. Por su parte, el control de legalidad ante el ejercicio de la discrecionalidad administrativa, conllevaría a resolver una circunstancia que implica un análisis subjetivo de la autoridad administrativa, referido al mérito, una circunstancia singular de apreciación.

En este sentido, resulta útil citar una vez más al profesor Araujo Juárez (2007), quien en alusión a una sentencia de la Corte Federal del 6 de noviembre de 1958, sostuvo lo siguiente:

> «... constituye un lugar común afirmar que la jurisdicción contencioso administrativa solo controla la legalidad; no controla el mérito (oportunidad o conveniencia), puesto que si ello realiza, se saldría de su función judicial y se sustituiría a la Administración Pública...», (p. 114)

Lo expuesto es tradicionalmente presentado como una controversia referida a los límites ya no del poder de sustitución del juez, sino propiamente del control de legalidad, como señalaría Araujo Juárez, si existiría en estos casos «...*una zona de inmunidad jurisdiccional*...». Ciertamente en la actualidad se estima que estas actuaciones pueden perfectamente ser objeto del control de legalidad, situación igualmente abarcada por Araujo Juárez en referencia a Sainz Moreno, en los términos siguientes:

> «...Una discrecionalidad absoluta que implique la elección entre diversas vías jurídicas indiferentes éstas para el derecho, solo puede darse cuando el criterio aludido por Sainz Moreno, sea plenamente político. En caso contrario, nos encontramos con que la libertad de elección entre distintas alternativas no es absolutamente indiferente para el ámbito jurídico, pues la potestad administrativa discrecional encierra numerosos elementos reglados: la existencia de la propia potestad, su extensión, el órgano competente para llevarla a cabo y, por último, el fin (García De Enterría)...». (p. 114 y 115).

De esta forma, el ejercicio de la discrecionalidad, no exime a la Administración de observar los principios fundamentales del derecho público, tales como supremacía constitucional, legalidad, formación del derecho por grados, así como los principios propios de su organización y ejercicio formal, tales como proporcionalidad, eficiencia, transparencia, responsabilidad, entre otros, dispuestos tanto en el artículo 141 de la Constitución, como en los artículos 3 y siguientes de la LOAP venezolana, y la Ley Orgánica de Procedimientos Administrativos del mismo país. Situación igualmente abarcada por Hernández Mendible V.R. (1996), quien en alusión al artículo 12 de la LOPA, sostuvo lo siguiente:

> «A pesar de que se ha insistido que esta norma regula la discrecionalidad administrativa, fundamentalmente porque su redacción se refiere al supuesto cuando la norma deja la emanación de un determinado acto 'a juicio de la autoridad', tal expresión no constituye óbice para que aquellos actos cuya emanación no este librada a juicio de la autoridad, también deban guardar la debida proporcionalidad y adecuación con los hechos y con los fines de la norma, es decir, que el cumplimiento de los principios de proporcionalidad y adecuación en la emanación de los actos se debe dar tanto en las ocasiones en que la Administración actúa en ejercicio de una potestad predominantemente reglada o predominantemente discrecional, pues en toda actuación administrativa destinada a la producción de un acto administrativo convergen elementos reglados y discrecionales...», (p. 25).

En definitiva, no puede encontrarse vedado al juez examinar si la autoridad administrativa, en el ejercicio de su potestad discrecional, actuó ajustado o no al derecho, pudiendo perfectamente anular una actuación que se aparte del principio de reserva legal, o bien que hubiese inobservado los parámetros del título jurídico habilitante, etc., resultando, en todo caso, una extralimitación del juez adoptar la valoración o juicio subjetivo, mediante la sentencia, es decir, al juez le correspondería examinar los parámetros objetivos de la legalidad de la actuación sometida a controversia, mas no decidir cuál debió ser la conducta de mérito a adoptar en sede administrativa.

C. El Poder del Juez en la ejecución de decisiones judiciales contra la Administración

Cuando hacemos referencia al concepto de sentencia, tenemos que su alcance puede resultar amplio y diverso, según la perspectiva o contexto en la que se plantea, de cualquier modo, siempre hará referencia a un dictamen u opinión personal o propia, que tal y como nos indica Cabanellas de Torres (2005) la palabra sentencia procede del latín sintiendo por expresar lo que siente u opina quien dicta. Así, en la perspectiva jurisdiccional significará la resolución judicial de una causa, fallo en la cuestión principal de un proceso o decisión que legítimamente dicta el juez competente, juzgando de acuerdo a su opinión y según la ley.

Por su parte, el vocablo ejecución se define como efectuación, realización o cumplimiento, siendo que, en la perspectiva jurisdiccional consistirá *«en el acto de llevar a efecto lo dispuesto por un juez o tribunal en el fallo que resuelve una cuestión o litigio»* Cabanellas de Torres (2005).

El Profesor Rengel Romberg (1999), nos señala que el acto jurisdiccional por excelencia es la sentencia, la cual, rebasa su consideración de mero acto procesal «toda vez que ella constituye el modo normal de terminación del proceso». Así, nos expone el autor que el concepto de sentencia es correlativo del concepto de jurisdicción, dado que, la función jurisdiccional está destinada a la creación por parte del juez de una norma jurídica individual y concreta, necesaria para determinar la significación jurídica de la conducta de los particulares, la sentencia no es otra cosa que *«la norma jurídica individual y concreta creada por el juez mediante el proceso, para regular la conducta de las partes en conflicto»* (*Ibíd.*, p. 286), pudiendo también definirla como «la resolución del juez que acoge o rechaza la pretensión que se hace valer en la demanda» (*Ibíd.*, p. 287).

De esta forma, destaca el autor que la sentencia implica un mandato jurídico individual y concreto, creado por el juez mediante el proceso y que acoge o rechaza la pretensión que se hace valer en la demanda. A ello vale agregar que no necesariamente resuelve conflictos, sino que igualmente puede resolver incidencias procesales (sentencias interlocutorias simples), declarar el carácter orgánico de una ley (artículo 203 de la CRBV), o una solicitud voluntaria de divorcio (artículo 185-A del CC).

En el ámbito contencioso administrativo, vemos como la doctrina fundamenta la ejecución de la sentencia firme precisamente en el derecho a la tutela judicial efectiva. Así, el profesor José Araujo Juárez (2004) nos señala que el fundamento del derecho a la ejecución de las sentencias no solo comprende el derecho a accionar, sino también el lograr la ejecución de los fallos. De esta forma, el referido autor nos define la ejecución como:

«el conjunto de actividades procesales tendentes a la realización de un derecho subjetivo reconocido en un título de ejecución. Así, el proceso de ejecución requiere necesariamente la existencia de un título de ejecución jurisdiccional o extrajurisdiccional. El título jurisdiccional por excelencia lo constituye la sentencia firme» (*Ibíd.*, p. 524 y 525).

De esta forma, el contenido de la sentencia, además de llenar los elementos formales para su validez, como sería la identificación del, tribunal, juez, así como las situaciones de hecho y de derecho examinadas (artículo 243 del CPC), deberá circunscribirse a lo alegado y probado en autos, cumpliendo con el principio dispositivo y la sana crítica como factores fundamentales de la motivación de la decisión.

Ahora, la ejecución de la sentencia definitivamente firme, esto es una vez que la decisión adquiere fuerza de cosa juzgada, en el sentido que contra ella no cabe recurso alguno, el CPC, establece en los artículos 523 y siguientes, la forma de ejecución de la sentencia, señalando claramente que ante el incumplimiento voluntario de la misma, se procederá a la ejecución forzosa, disponiendo que si la condena hubiere recaído sobre cantidades líquidas de dinero, el juez mandará a embargar bienes propiedad del deudor, mientras que no siendo líquida la deuda, el juez dispondrá lo conveniente para que se practique la liquidación con arreglo a lo establecido en el artículo 249 (peritos se encargarán de estimar los frutos, intereses o daños).

Por el contrario, aún cuando las disposiciones del CPC tienen, cabida en el derecho procesal administrativo, tal y como lo establecía el primer aparte del artículo 19 de la derogada LOTSJ de 2004, actualmente dispuesto en el artículo 31 de la LOJCA, ello es solo ante vacío legal, siendo que en el caso de ejecución de sentencias, el derecho procesal administrativo cuenta, en el DRVFLOPGR, con su propio procedimiento de ejecución de decisiones.

Aún cuando la postura generalmente asumida sobre el poder de ejecución del juez frente a la Administración, se plantea desde la perspectiva favorable de esta última, es decir, que el juez no puede forzar la ejecución de su sentencia so pena de subsumirse en la actividad administrativa; el jurista Tomás Hutchinson (2004) nos plantea algo que podríamos estimar, como la perspectiva contraria, en el sentido que ante la negativa de cumplimiento por parte de la Administración de ejecutar lo dispuesto por una sentencia firme, conllevaría a la intromisión de la Administración en la ejecución de un acto del Poder Judicial (p. 5).

Lo expuesto ha sido igualmente examinado por la doctrina española como *«sistema de autoejecución»*, donde Beltrán de Felipe (1995) en referencia a Ruiz Ojeda, expone que si la Constitución Española otorga a los tribunales la potestad de hacer ejecutar lo juzgado, entonces el sistema de *autoejecución* es inconstitucional. Argumento perfectamente trasladable al ámbito venezolano donde la CRBV en su artículo 253 concede la potestad de decidir y ejecutar lo decidido al Poder Judicial. En este orden de ideas resulta interesante citar la decisión N° 32/82 del 7 de junio del Tribunal Constitucional de España, transcrita por el autor bajo estudio, en los términos siguientes:

> «El derecho a la tutela efectiva... exige que el fallo judicial se cumpla y que el recurrente sea repuesto en su derecho y compensado, si hubiere lugar a ello, por el daño sufrido; lo contrario sería convertir las decisiones judiciales y el reconocimiento de los derechos que ellas comportan a favor de cualquiera de las partes en meras declaraciones de intenciones», (p. 92 y 93).

La crítica anteriormente planteada se traslada perfectamente al ámbito venezolano, donde se contempla una garantía sobre los bienes de la República, en los que se considera que estos supuestamente desempeñan siempre una función de servicio público, logrando evadir la ejecución textual de la sentencia, resultando las condenas prestacionales de hacer, así como las indemnizaciones pecuniarias en simples expectativas de derecho para el ciudadano. En este sentido vale destacar, tal y como lo hiciéramos en la introducción del presente trabajo, que para el autor Beltrán de Felipe (1995), haciendo referencia a Barcelona Llop (1993), *«El contencioso-administrativo de nuestro tiempo ya no puede seguir amparándose en esquemas que (...) mantienen (...) una insostenible situación que conduce a que en muchas ocasiones el contencioso no satisfaga las exigencias constitucionales de la justicia»* (p. 79). De igual manera, García de Enterría (1992), sostiene que un sistema procesal que carece de medios de ejecución forzosa y en el que el cumplimiento de las sentencias es meramente facultativo, no puede ser efectivo (p. 84).

En este sentido, es importante analizar en primer lugar el Principio de Legalidad Presupuestaria tal y como lo establece el artículo 314 de la CRBV, el cual consiste en que no se puede realizar ningún gasto que no esté previsto en la Ley de presupuesto, lo que implica una rigidez de los gastos públicos, lo cual, se observa igualmente en el caso de ejecución de decisiones judiciales, ya que de conformidad con la Ley Orgánica de Administración Financiera del Sector Público debe existir una partida presupuestaria para responder a las condenas. Así, el artículo 57 dispone:

> «... Los compromisos originados en sentencia judicial firme con autoridad de cosa juzgada o reconocidos administrativamente de conformidad con los procedimientos establecidos en la Ley Orgánica de la Procuraduría General de la República y en el reglamento de esta Ley, (...) se pagarán con cargo al crédito presupuestario que, a tal efecto, se incluirá en el respectivo presupuesto de gastos...».

De la norma anteriormente citada no cabe otra interpretación que no sea la inclusión de una partida presupuestaria para los gastos originados por sentencias condenatorias, razón por la cual, el común argumento empleado por organismos y entes públicos, referido a la imposibilidad de ejecutar la sentencia, conforme al principio de legalidad presupuestaria, carece de justificación, puesto que en todo caso lo que podrán alegar en su favor es que la partida presupuestaria se agotó, siendo entonces obligación de la organización personificada requerir una rectificación de la partida y proceder al pago de la condena.

La antigua jurisprudencia de la extinta Corte Suprema de Justicia, dirigía el poder de ejecución de la sentencia a la naturaleza objetiva del sistema de acciones dispuesto en la derogada LOCSJ, de manera qué las facultades para restituir la situación jurídica infringida no se subordinaban a la pretensión sino a la acción ejercida por el justiciable. Al respecto podemos traer a colación la sentencia del 25 de septiembre de 1973 de la Sala Político Administrativa, publicada en *Gaceta Oficial* N° 30.276 del 8 de diciembre del mismo año, donde se sostuvo lo siguiente:

> «... como además se pretende, que la Sala provea respecto a la ejecución del fallo dictado, conviene precisar, que los demandantes, incluyendo al doctor Queremel Castro, solo intentaron el recurso contencioso de anulación y no el de plena jurisdicción en cuyo caso sí habría podido la Corte declarar, de considerarlo conveniente, el restablecimiento total de la situación jurídica vulnerada por la acción administrativa del Consejo de la Judicatura...».

Si bien se observa que en la anterior decisión la Corte se limitó a declarar legal o ilegal el acto administrativo, resulta interesante observar la evolución de la Sala Político Administrativa respecto al contenido y ejecución de la sentencia contra la Administración. Así, en sentencia del 7 de junio de 1982, en el para entonces denominado recurso contencioso administrativo de nulidad nuevamente contra el Consejo de la Judicatura, la Sala resolvió lo siguiente:

> «... La Corte Suprema de Justicia en Sala Político Administrativa (.. .) declara con lugar el recurso intentado (...) y, en consecuencia, la nulidad parcial de la Resolución N° 9 del Consejo de la Judicatura en cuanto desconoce el derecho preferente a ser reelecto que correspondía al recurrente (...). En ejecución de esta sentencia, el Consejo de la Judicatura deberá proceder, dentro de un término racional, a restituir al Dr. Héctor Zamora Izquierdo al cargo que ejercía para el 7 de junio de 1980, o designarlo para otro de la misma o superior jerarquía...».

Se observa que además de anular la actuación administrativa lesiva, la Sala procuró la restitución efectiva de la situación jurídica al ordenar la reincorporación del funcionario judicial a su cargo. Este dispositivo ciertamente se ajusta más a la idea de restablecimiento y tutela efectiva de derechos previsto en el Texto Constitucional.

En efecto, en muchas ocasiones la restitución de la situación jurídica no puede quedarse en la simple anulación del acto administrativo, por cuanto, la configuración de la justicia administrativa podría requerir adicionalmente de una nueva actuación de la Administración, ello siempre guardando proporción con la pretensión del justiciable, por lo que el juez deberá medir sus facultades inquisitivas, en aras de no incurrir en *ultrapetita* o *extrapetita*.

En este sentido, Neher, (1989) indica que los poderes ejecutorios del juez contencioso-administrativo deben limitarse «... *al aseguramiento práctico de las condiciones de equilibrio entre el ejercicio por parte de la Administración de los poderes necesarios al cumplimiento de sus funciones y la protección de los administrados contra esos mismos poderes...*». (p. 10).

Seguramente una de las formas de ejecución más difíciles frente a la Administración es la de lograr una prestación positiva, que en palabras de Beltrán de Felipe, no obstante de tratarse de derechos exigibles ante los tribunales, donde se puede obtener una ejecución forzosa, sin embargo, este extremo «... *no queda en absoluto garantizado, al no existir vías de ejecución frente a la Administración Pública...*». Así, continúa el autor en referencia, reiterando que la mera anulación del acto ya no basta, siendo que «... *cuando se trata de asegurar el cumplimiento por la Administración de sus obligaciones positivas de garantía de los derechos prestacionales, el sistema tradicional de inexistencia de vías de ejecución entra en quiebra...*» (p. 113 y 115).

Expuesto lo anterior, pasemos a observar cómo se encuentra desarrollado legislativamente el procedimiento para ejecutar sentencias en contra de la Administración Pública venezolana:

a. El procedimiento de ejecución de sentencias frente a la República y estados federados

En el ordenamiento jurídico venezolano, se presentan disposiciones normativas diversas para la ejecución de decisiones judiciales, de manera que lo primero a delimitar será la organización personificada o ente administrativo sujeto a ejecución jurisdiccional, para seguidamente determinar el procedimiento aplicable. Así, tenemos que cuando se trata de la República y los estados federados se deberá seguir lo dispuesto en el DRVFLOPGR, ello en concordancia con el artículo 36 LODDTCPP y el artículo 108 de la LOJCA que dispone que «...*Cuando la República o algún estado sean condenados en juicio, se seguirán las normas establecidas en la Ley Orgánica de la Procuraduría General de la República...*».

En este sentido, los artículos 87 y 88 del DRVFLOPGR, contemplan el procedimiento para ejecutar las sentencias condenatorias contra la República, previéndose que el Tribunal deberá informar a la Procuraduría General de la República la forma y oportunidad de ejecución de lo ordenado en la sentencia. Asimismo, la parte interesada decidirá si aprueba o no la proposición del ente público, siendo que, en caso negativo, el Tribunal deberá fijar otro plazo para presentar una nueva propuesta, la cual, si no es aprobada por el interesado o si el ente no hubiere presentado alguna, será el órgano jurisdiccional el encargado de determinar la forma y oportunidad de dar cumplimiento a la sentencia, pero conforme al procedimiento siguiente:

1. Si se trata de cantidades de dinero, el Tribunal, a petición de parte interesada, ordenará la inclusión del monto a pagar en la partida respectiva de los próximos dos ejercicios presupuestarios.

2. Si se trata de entrega de bienes, el Tribunal pondrá en posesión de los mismos a quien corresponda. Pero si los bienes se encuentran afectados al uso público (actividades de utilidad pública o servicio público), el Tribunal acordará la fijación del precio mediante avalúo realizado por tres peritos.

De esta forma se observa que realmente más que una ejecución judicial, se trata de una ejecución administrativa, dado que es la Administración quien determina la forma de cumplimiento de la condena (Vid. sentencia de fecha 9/05/1991, Caso: *Servicios Técnicos Sanitarios Municipales C.A. vs. Instituto Metropolitano de Aseo Urbano para el Área Metropolitana de Caracas*, [IMAU], de la SPA de la extinta CSJ), puesto que será esta quien en definitiva decida cómo y cuándo ejecutar el fallo mediante propuesta, la cual, si no es aceptada por el particular, dará lugar a una nueva propuesta y si esta es nuevamente rechazada, tampoco habrá realmente una coerción sobre el organismo a cumplir con la decisión de manera inmediata, ya que el Tribunal podrá a lo sumo, si se trata de cantidades de dinero, ordenar que se incluya el monto a pagar en la partida respectiva de los próximos dos ejercicios presupuestarios y, en el caso de entrega de bienes, el órgano jurisdiccional podrá -en principio- poner en posesión de los mismos a quien corresponda, salvo que se encuentre afectado por el uso, servicio o actividades públicas, siendo que, en este caso, se le pagará al particular el valor de los mismos.

La posibilidad que se le otorga a la Administración Pública de dirigir al Tribunal la forma en cómo y cuándo va a ser ejecutada la sentencia definitiva, cercena las garantías fundamentales más inherentes de los justiciables, puesto que, dejar en manos de la parte vencida la potestad de determinar la manera en que será ejecutada la sentencia, reprime el perfeccionamiento de la tutela judicial efectiva, puesto que esta última solo se obtiene con la ejecución del fallo.

Sin embargo, debemos señalar que la Sala Constitucional del Tribunal Supremo de Justicia, en sentencia N° 1368 de fecha 3 de agosto de 2001, dispuso claramente la posibilidad de ejecutar forzosamente las sentencias definitivas que conlleven erogaciones económicas para la Administración, en los siguientes términos:

> «... los órganos jurisdiccionales pueden, al realizar el control de la Administración, bien sea nacional, estadal o municipal, dictar sentencias que contengan una carga económica para éstas, quienes deberán cumplirla -forzosamente de ser necesario-, sin alegar como pretexto la falta de previsión presupuestaria.
>
> Es así, que para el cumplimiento de lo antes descrito, en los presupuestos públicos se determinan partidas para el cumplimiento, de las sentencias,

ello sin menoscabo de que se puedan hacer rectificaciones presupuestarias para dar fiel cumplimiento a lo ordenado por los órganos administradores de justicia...» (Resaltado añadido).

De esta manera, se observa entonces que sí existen herramientas para ejecutar de forma forzosa las sentencias de condena en contra de la Administración mediante el mecanismo de rectificación de partidas, que tiene como fin sustentar partidas insuficientes. Por lo tanto, ante el argumento de agotamiento del presupuesto, el juez podrá instar la rectificación de la partida, para lograr así un fiel cumplimiento de lo dispuesto en la sentencia definitiva. Así, el artículo 53 de la LO- AFSP (*Gaceta Oficial* N° 39.556 del 19 de noviembre de 2010), dispone claramente lo siguiente:

> «En el presupuesto de gastos de la República se incorporará un crédito denominado: Rectificaciones al Presupuesto, cuyo monto no podrá ser inferior a cero coma cinco por ciento ni superior al tino por ciento de los ingresos ordinarios estimados en el mismo presupuesto. **El Ejecutivo Nacional podrá disponer de este crédito para atender gastos imprevistos que se presenten en el transcurso del ejercicio o para aumentar los créditos presupuestarios que resultaren insuficientes...».** (Subrayado añadido).

De esta forma el juez podría solicitar que sea informado sobre el programa o cronograma de rectificaciones presupuestarias a los fines de procurar la ejecución de la sentencia definitiva de forma expedita y forzosa, evitando así el tedioso procedimiento de los artículos 87 y 88 del DRVFLOPGR y procurando una justicia efectiva sin dilaciones indebidas.

Igualmente, cabe agregar que este no es el único procedimiento referido en el orden jurídico venezolano para la ejecución de sentencias, así cuando se trata de municipios, tenemos que acudir al artículo 160 de la LOPPM y residualmente, es decir, cuando rio sé trate de República, Estados federados o Municipios, a la LOJCA. Del mismo modo, debe resaltarse que la, LOAP; prevé en su artículo 97 y siguientes que tanto los institutos públicos como los institutos autónomos, ostentarán las prerrogativas procesales que corresponde a cada nivel del poder público, situación que analizaremos más adelante.

b. Procedimiento de ejecución de sentencias contra los Municipios

En el Ámbito de la LOPPM se presenta un procedimiento de ejecución contra entes municipales que en principio podemos considerar más amplio y coercitivo, previéndose incluso la remisión al CPC, y la posibilidad de ejecutar obligaciones de hacer y no hacer.

De esta manera, la referida Ley nos dispone un procedimiento más concreto dirigido no solo a los municipios sino también a cualquier entidad municipal (*vgr.* Instituto autónomo 'municipal), desarrollados en los artículos 160 y 161 *eiusdem*, de la siguiente manera:

1. Cuando el municipio u entidad municipal que se trate, resulte condenado por sentencia definitivamente firme, el tribunal, a petición de parte interesada, ordenará su ejecución.

2. El tribunal procede a notificar al alcalde, para que dé cumplimiento voluntario a la sentencia dentro de los diez días siguientes a la notificación. Dentro de ese lapso, el municipio o entidad municipal, podrá proponer al ejecutante una forma de cumplir con la sentencia. Si esa forma fuere rechazada, las partes podrán suspender el lapso establecido para la ejecución voluntaria por el tiempo que se convenga o realizar actos de composición voluntaria. Transcurrido el lapso para la ejecución voluntaria sin que la sentencia se haya cumplido, se procederá a la ejecución forzosa.

3. Vencido el lapso para la ejecución voluntaria de la sentencia, el tribunal determinará la forma y oportunidad de dar cumplimiento a lo ordenado por la sentencia, según los procedimientos siguientes:

- Cuando la condena hubiere recaído sobre cantidades líquidas de dinero, el tribunal, a petición de parte, ordenará a la máxima autoridad administrativa del municipio o de la entidad municipal para que incluya el monto a pagar en el presupuesto del año próximo y siguientes, a menos que exista provisión de fondos en el presupuesto vigente. Cuando la orden del Tribunal no fuere cumplida o la partida prevista no fuere ejecutada, el Tribunal, a petición de parte, ejecutará la sentencia conforme al procedimiento previsto en el Código de Procedimiento Civil para la ejecución de sentencias de condena sobre cantidades líquidas de dinero (art. 527). El monto anual de dicha partida no excederá del cinco por ciento (5%) de los ingresos ordinarios del presupuesto del Municipio o distrito.
- Cuando en la sentencia se hubiere ordenado la entrega de algún bien el tribunal llevará a efecto la entrega. Si tales bienes estuvieren afectados al uso público, a un servicio público o a una actividad de utilidad pública, el Tribunal, a petición de parte, acordará que el precio sea fijado mediante peritos en la forma establecida por la Ley de Expropiación por Causa de Utilidad Pública o Social. Fijado el precio, se procederá como si se tratare del pago de cantidades de dinero.
- Cuando en la sentencia se hubiere condenado al cumplimiento de una obligación de hacer, el Tribunal, a petición de parte, fijará un lapso de treinta días consecutivos para que el Municipio o la entidad municipal correspondiente proceda a cumplir con la obligación. Si ella no fuere cumplida, el Tribunal, a petición de parte, procederá él mismo a ejecutar la sentencia. A estos fines, se trasladará a la oficina municipal correspondiente y requerirá al ente municipal para que cumpla con la obligación. Si a pesar de este requerimiento la obligación no fuere cumplida, entonces el tribunal sustituirá al ente municipal y hará que la obligación de hacer sea cumplida. Para el caso de

que, por la naturaleza de la obligación, no fuere posible que el tribunal la ejecutare en la misma forma en que fue contraída, entonces se estimará su valor y se procederá a su ejecución como si fuere una cantidad de dinero.

- Cuando en la sentencia se hubiere condenado a una obligación de no hacer, el tribunal, a petición de parte, ordenará el resarcimiento del daño que se derive del incumplimiento de la obligación de no hacer.

Puede observarse que el procedimiento de ejecución de sentencias contra los Municipios es un poco más detallado que el establecido en el DRVFLOPGR, de hecho prevé los distintos supuestos de condena.

De esta forma, resulta bastante claro que nuestro ordenamiento jurídico ha establecido suficientes mecanismos tanto a nivel presupuestario como a nivel procesal para procurar la efectiva ejecución de las sentencias que condenan al Estado. Sin embargo, la principal limitante que se observa para lograr una adecuada satisfacción a la pretensión del justiciable está en el caso de que la controversia verse sobre bienes muebles o inmuebles afectados a favor de la Administración, dado que, aunque el bien pudiera no estar atado a servicio público o uso público, resultará bastante excepcional que igualmente logre establecerse que no está vinculado con utilidad pública alguna.

De cualquier modo, de conformidad con los artículos 53 y 57 de la LOAFSP, se presume que el Estado cuenta con los fondos necesarios para ejecutar las sentencias definitivamente firmes que pesen en su contra, y además tiene la posibilidad de requerir la rectificación presupuestaria si fuera necesario, de manera que la posibilidad de exigir la ejecución pronta de la decisión judicial es perfectamente viable.

c. La Ejecución de la Sentencia en Ley Orgánica de la Jurisdicción Contencioso Administrativa

Ante la entrada en vigencia de la LOJCA, es importante tener en consideración que aun cuando fueron ratificadas las disposiciones del DRVFLOPGR a favor de la República y de los Estados federados, así como la de LOPPM cuando se trate de municipios (*vid.* artículo 108 de la LOJCA), sin embargo, si el ente público condenado es distinto a los anteriores, debemos acudir directamente a los artículos 109 y 110 de la LOJCA, donde se prevé la forma de ejecución de la sentencias de condena contra dichos «entes».

Cuando se analizan los artículos del texto *in commento* se observa que el referido procedimiento se dirige a «*... institutos autónomos, entes públicos o empresas...*», intentando en cierto modo garantizar una mayor coerción en la ejecución de la sentencia definitiva en las referidas figuras administrativas, manteniendo la visión legislativa de la LOPPM.

Así, lo primero que llama la atención son los sujetos procesales a los que puede serle aplicado este procedimiento a) institutos autónomos, b) entes públicos o, c) empresas del estado.

En cuanto a los institutos autónomos resulta de suma relevancia recordar que la LOAP dispone en sus artículos 98 y 101, que dichas figuras descentralizadas gozan de los mismos privilegios de los institutos públicos, siendo ambos consagrados como organizaciones con personalidad jurídica, si bien en el caso de los institutos públicos surge una duda en cuanto a su naturaleza, por cuanto, estos son sometidos a la planificación centralizada, sujetando su actividad administrativa a la Administración Central, (pareciera que excede la tutela administrativa para alcanzar un grado de subordinación frente a la Administración Central, lo que sería incompatible con la noción de ente descentralizado).

De cualquier manera, e independientemente de la naturaleza jurídica de los institutos públicos, el hecho es que estos resultan garantes de las prerrogativas procesales de la República, los estados, los distritos metropolitanos y los municipios, privilegio que fue extendido a los institutos autónomos.

En este sentido, dado, que la Disposición Derogatoria Única de la LOJCA, deroga toda disposición que colide con la LOJCA, parece lógico asumir que los institutos autónomos ya no pueden alegar a su favor el procedimiento de ejecución de sentencias del DRVFLOPGR, dado que, debería aplicarse el de la LOJCA.

Por otra parte, resulta relevante establecer a qué se refiere el artículo 109 de la LOJCA con «otros entes», puesto que, por una parte, se mencionan expresamente los institutos autónomos, así como las empresas del estado, las cuales, conforme a su naturaleza jurídica constituyen entes descentralizados, el primero con fines netamente públicos -sin beneficios económicos- y, el segundo, con fines comerciales y/o empresariales.

De esta manera, al hacerse mención a «otros entes» pudiéramos considerar los institutos públicos (en el supuesto que efectivamente sean organizaciones personificadas), pero particularmente, debe considerarse la remisión de ese artículo a las Fundaciones del Estado, Corporaciones y demás formas jurídicas que engloban gremios profesionales, e incluso los Consejos Comunales, en caso de que consideremos estos últimos como verdaderos entes descentralizados, es decir, personas jurídicas de derecho público a tenor de lo dispuesto en el artículo 17 de la Ley Orgánica de los Consejos Comunales.

Así, teniendo delimitado los posibles sujetos de aplicación del procedimiento de ejecución de sentencias contenido en la Ley Orgánica de la «Jurisdicción Contencioso Administrativa», pasemos ahora a observar el mismo:

- Ejecución Voluntaria

En primer lugar se observa la posibilidad de ejecutar voluntariamente lo decidido por el tribunal, una vez que la parte interesada hubiera requerido la ejecución de la sentencia. De este modo, el juez procederá a notificar al sujeto condenado para que dé cumplimiento voluntario a la sentencia dentro de los diez días de despacho siguientes a su notificación.

Asimismo, la norma dispone que durante ese lapso, se podrá proponer al ejecutante una forma de cumplir con la sentencia. Se observa entonces la posibilidad de que hayan acuerdos o convenimientos para el cumplimiento del pago, situación que pudiera coadyuvar -al menos en teoría- no solo a una pronta ejecución y por ende satisfacción de la parte vencedora, sino además a la forma de la ejecución, en el sentido de acordar una manera que resulte justa para el vencedor pero igualmente práctica y manejable para el ente condenado. En el mismo sentido, se prevé que las partes tienen la posibilidad de suspender el lapso establecido para la ejecución voluntaria por el tiempo que acuerden.

- Continuidad de la Ejecución

Ahora bien, en caso de que el ente condenado no hubiera dado cumplimiento voluntario, la normativa bajo estudio prevé cómo y cuando debe ser ejecutada la decisión, es decir, el tribunal determinará la forma y oportunidad de dar cumplimiento a lo ordenado por la sentencia, en los términos siguientes:

1. Cuando la condena hubiese recaído sobre cantidad líquida de dinero, el tribunal ordenará a la máxima autoridad administrativa de la parte condenada que incluya el monto a pagar en el presupuesto del año próximo y el siguiente, «a menos que exista provisión de fondos en el presupuesto vigente».

Agrega el legislador que el monto anual de dicha partida no excederá del cinco por ciento (5%) de los ingresos ordinarios del ente condenado y objeto de ejecución, lo que eventualmente pudiera generar una limitante en la ejecución de la sentencia definitivamente firme. Asimismo, cuando la orden del tribunal no fuese cumplida o la partida prevista no fuese ejecutada, el tribunal, a petición de parte, ejecutará la sentencia conforme al procedimiento previsto en el CPC para la ejecución de sentencias de condena sobre cantidades líquidas de dinero.

2. Cuando en la sentencia se hubiese ordenado la entrega de bienes, el tribunal la llevará a efecto. Si tales bienes estuvieren afectados al uso público, servicio público o actividad de utilidad pública, el tribunal acordará que el precio sea fijado mediante peritos, en la forma establecida por la Ley de Expropiación por Causa de Utilidad Pública o Social. Fijado el precio, se procederá como si se tratare del pago de cantidades de dinero.

En conclusión la anterior disposición prácticamente jamás será utilizada, es decir, difícilmente veremos a un tribunal llevando a efecto la entrega de bienes, porque será necesario que los mismos no estén afectados al uso público, servicio público o actividad de utilidad pública, dado que en general todo bien mueble o inmueble que sea empleado por un ente público, es de suponer que tiene un vínculo directo o indirecto con *«uso público, servicio público o actividad de utilidad pública»*, incluso cuando se trate de empresas del Estado, las cuales, si bien tienen por objeto el comercio y el lucro, es poco probable que podamos desligarlas de su relación con el interés nacional y consecuentemente con el beneficio general, así como con el patrimonio del Estado, dado que suele considerarse que las pérdidas pecuniarias de la empresas del Estado, afectan directamente el patrimonio de la República, estados, municipios, o cualquier ente que tuviese participación en dicha organización de carácter mercantil.

3. Cuando en la sentencia se hubiese condenado al cumplimiento de una obligación de hacer, el tribunal fijará un lapso de treinta días consecutivos para que la parte condenada cumpla. Si no fuese cumplida, el tribunal procederá a ejecutar la sentencia. A estos fines, se trasladará a la oficina correspondiente y requerirá su cumplimiento. Si a pesar de este requerimiento la obligación no fuese cumplida, el tribunal hará que la obligación se cumpla. Cuando por la naturaleza de la obligación, no fuere posible su ejecución en la misma forma como fue contraída, el tribunal podrá estimar su valor conforme a lo previsto en este artículo y proceder a su ejecución como si se tratase de cantidades de dinero.

4. Cuando en la sentencia se hubiese condenado a una obligación de no hacer, el tribunal ordenará el cumplimiento de dicha obligación.

Vemos aquí la incorporación de las formas de ejecución previstas en la LOPPM, buscando hasta cierto punto que el juez sea capaz de lograr la restitución de la situación jurídica infringida.

La facultad de restitución de la situación jurídica, debe ir de la mano con la pretensión, ello a tenor del principio dispositivo anteriormente estudiado, sin embargo, debe añadirse el principio inquisitivo, que como vimos concede atribuciones al juez contencioso administrativo para llevar a cabo actuaciones unilaterales e incluso pronunciarse respecto de situaciones jurídicas no alegadas por las partes en la controversia.

Sin embargo, resulta necesario examinar hasta dónde llega esa facultad, ello a los fines de evitar que el juez incurra en usurpación de funciones de la Administración.

Ciertamente nuestro marco jurídico incorpora elementos constitucionales y legales que pueden hacer posible la ejecución efectiva de una sentencia contra la Administración, tal vez no con la celeridad debida y estricto apego a la pretensión, dada la naturaleza jurídica de la Administración Pública y sus principios rectores, pero al menos se presentan mecanismos que de una u otra forma podrían lograr, en la mayoría de los casos, una justicia administrativa. Carga que en gran medida corresponderá al juez, así lo reseña Hernández, J. (2006), al sostener lo siguiente:

«... lo que se pretende, pues, es amoldar tales prerrogativas al principio constitucional conforme al cual corresponde al juez decidir y ejecutar lo juzgado, procurando que tales prerrogativas no afecten ese principio más allá de lo necesario. Si las prerrogativas fueran empleadas para burlar el derecho a la ejecución de las sentencias, el Juez quedará habilitado para desaplicar tales prerrogativas y aplicar, directamente, el Código de Procedimiento Civil...» (p. 331).

De esta forma, sostiene el autor, que las prerrogativas previstas a favor de la Administración, en materia de ejecución de sentencias «... *solo se justifican en la estricta medida en que ellas sean necesarias para tutelar el interés general...»*, encontrándose entonces proscrito el ejercicio abusivo de las mismas con el objeto de desacatar lo decidido por el Tribunal, afirmando el poder del juez para desaplicar por fraude de ley o abuso de derecho las normas que prescriben ese tipo de privilegio procesal a favor de la Administración Pública, (p. 330).

d. La Ejecución de sentencias contra la Administración en el derecho extranjero

Al hacer referencia a sistemas de justicia administrativa en el derecho comparado, observamos generalmente los mismos principios a los regulados por el marco jurídico venezolano. Ello en virtud de que la mayoría de los países que adoptó una forma republicana, tomó como base fundamental para su estructuración el Principio de Separación de Poderes, como mecanismo para garantizar la democracia y participación ciudadana. De esta forma, la revolución francesa, incidió en la mayoría de los países de la Europa occidental y ellos a su vez, a las naciones del continente americano. Así, observamos un régimen de justicia administrativa con elementos similares en países como Italia, Francia y España, e igualmente estos influyeron en la confección del derecho administrativo y contencioso administrativo de la mayor parte de los países latinoamericanos.

Iniciando con el viejo continente, podemos hacer inicial referencia a la Ley N° 205 del 21 de julio de 2000 (Legge 21 luglio 2000, N° 205, *Disposizioni in materia di giustizia amministrativa, pubblicata nella Gazzetta Ufficiale* N° 173 del 26 luglio 2000), que regula *las disposiciones en materia de justicia administrativa* de Italia, cuyo artículo 10 nos refiere a la ejecución de sentencias no suspendidas por el Consejo de Estado y la Corte de Cuentas. En este orden de ideas, debe valorarse que -en principio- toda decisión de dichos órganos jurisdiccionales debe ser ejecutada, sin embargo, cuando el juez estime la posibilidad de perjuicios irreparables se encuentra facultado para suspender la decisión. Así, la Ley N° 205 nos dirige al artículo 33 de la Ley N° 1034 del 6 de diciembre de 1971 (Legge 6 dicembre 1971, N° 1034), cuyo numeral 1 indica que las sentencias de los tribunales administrativos regionales son ejecutivas, indicando el numeral siguiente que el ejercicio del recurso de apelación no suspende la ejecución, previendo como excepción, que la ejecución de la sentencia pudiera conllevar un daño grave o irreparable, lo cual, requerirá de decisión motivada (núm. 3 art. 33).

En este orden de ideas, el artículo 33 de la Ley N° 1034 nos remite al artículo 27 de la normativa N° 638 del 17 de agosto de 1907, así como a los artículos 5 y 6 del Decreto N° 2840 del 30 de diciembre de 1923, donde el Consejo de Estado en sede jurisdiccional (la competencia jurisdiccional ha evolucionado hacia tribunales administrativos, ver Ley N° 205) puede, conforme al numeral 4, disponer las actuaciones necesarias para obtener el cumplimiento de una obligación de la Administración, conforme al caso decidido, cuando se haya verificado una lesión de un derecho civil o político del justiciable.

Por su parte, Galera Rodrigo (2005), en su estudio del sistema europeo de justicia administrativa, hace referencia a la decisión 77/1983 del Tribunal Constitucional español, que sostiene lo siguiente:

> «... una de las proyecciones del derecho a la tutela judicial efectiva reconocida en el artículo 24.1 CE consiste en el derecho a que las resoluciones alcancen la eficacia otorgada por el ordenamiento, lo que significa tanto el derecho a que las resoluciones judiciales se ejecuten en sus propios términos como el respeto a su firmeza y a la intangibilidad de las situaciones jurídicas en ellas declaradas...». (p. 137).

Del mismo modo, el autor en referencia, trae a colación la sentencia 367/93, FJ I°, que enlaza el principio de seguridad jurídica con «... *la santidad de la cosa juzgada que impone la vinculatoriedad e inmutabilidad de las resoluciones judiciales firmes...*». Así, se propone al menos desde la óptica de la tutela judicial efectiva, la ejecución de la sentencia en los términos de lo decidido, (p. 138).

No obstante, ante ese carácter inmutable de la cosa juzgada, el profesor García De Enterría (1992), aludiendo a Guy Braibant, hace referencia a la ejecución de la sentencia frente a la Administración, llevando un análisis comparativo del sistema francés y español y sus ulteriores reformas. Sostiene el autor que las decisiones judiciales «... *deberían ser ejecutadas 'sin vacilaciones ni murmullos'...*», presentando una clara crítica a la inembargabilidad de los bienes públicos. Continúa el autor señalando que el Consejo de Estado se ha especializado en «... *ayudar a los demandantes a obtener y a la Administración a asegurar una ejecución correcta de la cosa juzgada...*», siendo que estas inmunidades a la ejecución de sentencias denotan «...*una degradación del respeto a la cosa juzgada, especialmente a nivel local...*». (p. 87).

De igual forma, Neher (1989) en referencia a Braibant y Delvolvé, analizó el sistema contencioso administrativo francés, estimando que el juez se cuida mucho de sustituirse y mandar órdenes a la Administración «... *siendo la ejecución de sus decisiones esencialmente voluntaria por parte de esta última...*», agregando que, en casos de rebeldía la legislación prevé procedimientos disuasivos de multas y sanciones, y hasta la sustitución de la ejecución de la anulación en una condena por equivalente «... *pero sin llegar jamás a la posibilidad de ejecución forzosa y mucho menos a la sustitución del Juez a la Administración...*». Así, concluye el autor lo siguiente:

> «... impedirle al juez contencioso administrativo dirigir órdenes a la Administración en lo concerniente a la ejecución de sus decisiones, significaría, en muchos casos, la imposibilidad de ejecución de las mismas, en perjuicio de los derechos y garantías de los particulares, negando así, todo valor práctico al sistema...» (p. 10).

Este sistema de justicia administrativa medianamente coercitivo frente a la Administración, fue duramente criticado por De Enterría, quien refiriéndose una vez más a Braibant y al Consejo de Estado francés, señaló que la ejecución de decisiones judiciales contra la Administración se limita a «*acciones de persuasión*», «*ayuda*» de accionantes vencedores, «*desarrollo de nuevas técnicas de intervención*», con la finalidad de evitar «... *que la inejecución de un fallo no dé lugar ella misma a nuevos litigios...*», concluyendo el autor que «... *Pocas meditaciones más patéticas sobre la inanidad actual del famoso excés de pouvoir, cuya efectividad queda supeditada a persuasiones, recordatorios, ayudas...*». (p. 88).

En consecuencia y ante las críticas suscitadas, el contencioso-administrativo francés reaccionó con la iniciativa del Consejo de Estado, emitiendo dos Decretos del 2 de septiembre de 1988, donde se amplió la protección cautelar admitiendo incluso «... *el référé provision, que obliga a la Administración a provisionar en dinero el total o parte de una deuda que se le reclama desde el inicio mismo del proceso...*». (p. 204 y 205).

Continúa señalando De Enterría (1992), que días después de la emisión de dichos Decretos, fue publicada en el Journal Officiel del 15 de octubre de 2008, una Circular del Primer Ministro Michel Rocard donde «... *llamaba la atención a todas las Administraciones sobre su deber de excluir 'cualquier negativa a la ejecución de una decisión de la justicia administrativa o cualquier retraso'...*», requiriéndose una reforma legislativa, reglamentaria o administrativa para prevenir las dificultades de ejecución de las sentencias. Las referidas reformas se suscitaron con la promulgación de los Decretos N° 90-400 y 90-416 del 15 y 16 de mayo de 1990, ante lo cual De Enterría sostiene que no se trató de una reforma general del contencioso - administrativo «*...sino de la resolución de un problema concreto de su funcionamiento efectivo...*». (p. 205 y 206).

De igual manera, vale la pena destacar la reciente reforma al Código Contencioso Administrativo de Colombia hoy Código de Procedimiento Administrativo y de lo Contencioso Administrativo, a través de la Ley 1437 de 2011, cuya entrada en vigencia había quedado establecida para el 2 de julio de 2012. La normativa *in commento* nos dispone de forma bastante detallada, un procedimiento de ejecución donde, al igual que en Venezuela, deberá delimitarse la naturaleza de la condena, entiéndase pago de sumas de dinero, condenas en abstracto, obligaciones de hacer o no hacer, etc., tal y como se expone a continuación:

1. Cuando la sentencia imponga una condena que no implique el pago o devolución de una cantidad líquida de dinero, la autoridad a quien corresponda su ejecución dentro del término de treinta (30) días contados desde su comunicación, adoptará las medidas necesarias para su cumplimiento.
2. Las condenas impuestas a entidades públicas consistentes en el pago o devolución de una suma de dinero serán cumplidas en un plazo máximo de diez (10) meses, contados a partir de la fecha de la ejecutoria de la sentencia. Para tal efecto, el beneficiario deberá presentar la solicitud de pago correspondiente a la entidad obligada.
3. Las cantidades líquidas reconocidas en providencias que impongan o liquiden una condena o que aprueben una conciliación devengarán intereses moratorios a partir de la ejecutoria de la respectiva sentencia o del auto, (art. 192).

Por otra parte, algo muy interesante de esta Ley es la incorporación en el artículo 193, de los medios alternos de resolución de controversias en caso de que el condenado ejerza recurso de apelación, siendo además un acto de carácter obligatorio so pena de desistimiento de la apelación. Del mismo modo, se delimitan sanciones para las autoridades que se nieguen al cumplimiento de las decisiones judiciales.

Asimismo, los inconvenientes que surgen con relación al principio presupuestario para el pago de condenas, son contemplados en el artículo 194, a través de los denominados «Aportes al Fondo de Contingencias», de la siguiente forma:

- Todas las entidades que constituyan una sección del Presupuesto General de la Nación, deberán efectuar una valoración de sus contingencias judiciales, en los términos que defina el Gobierno Nacional, para todos los procesos judiciales que se adelanten en su contra.
- Con base en lo anterior, las mencionadas entidades deberán efectuar aportes al Fondo de Contingencias de que trata la Ley 448 de 1998, o las normas que la modifiquen o sustituyan, en los montos, condiciones, porcentajes, cuantías y plazos que determine el Ministerio de Hacienda y Crédito Público con el fin de atender, oportunamente, las obligaciones dinerarias contenidas en providencias judiciales en firme.

Agrega el legislador que esta disposición también se aplicará a las entidades territoriales y demás descentralizadas, siendo establecido como una prioridad en el presupuesto de gastos. Finalmente el artículo 195 *eiusdem* contempla el trámite para el pago de condenas o conciliaciones, donde se indican los lapsos para que el Fondo de Contingencias gire los recursos necesarios al pago, determinándose también la generación de intereses mora torios en los parámetros allí descritos».

Se trata por tanto, de un procedimiento de ejecución de decisiones judiciales que pudiera recordar un poco al marco venezolano, sin embargo, en el CPACA de Colombia se presenta con mayor detalle su articulación, incorporando a su régimen procesal el cauce a seguir para la obtención de los recursos destinados al[1] pago de la condena, actuación que en cierto modo emula la rectificación presupuestaria prevista en los artículos 53 y 57 de la LOAFSP venezolano, solo que en el marcó colombiano se incorpora directamente al derecho procesal administrativo, añadiendo la conciliación y el régimen sancionatorio de ser necesario.

Vemos como la evolución legislativa ha procurado atacar precisamente el ámbito referido a la efectividad del contencioso-administrativo, buscando mecanismos que hagan factible la tutela judicial y correlativamente el pago oportuno a favor del justiciable.

En conclusión, se estima oportuno añadir las disposiciones precedentes al presente estadio a los fines no solo de hacer una simple comparación de la normativa, sino también para examinar las innovaciones que vale la pena adoptar en nuestro sistema de justicia administrativa en pro de lograr una ejecución más expedita y ajustada a lo pretendido por el justiciable.

D. El Poder del Juez frente a abstenciones u omisiones de la Administración

Tal y como ya hemos observado, las facultades de revisión y control del juez frente a la función administrativa van más allá del simple examen de legalidad, los tribunales contencioso-administrativo tienen la posibilidad de restituir cualquier situación jurídica infringida por la Administración, bien sea proveniente de una actuación formal o bien de la falta de actuación, entiéndase incumplimiento de obligación, vía de hecho o sencillamente omisiones o abstenciones.

En efecto, el derecho procesal administrativo ha previsto la posibilidad de accionar contra el silencio administrativo no solo en procedimientos de segundo grado, sino igualmente ante peticiones, solicitudes o instancias dirigidas a un funcionario y que, a pesar de tener la obligación de dar respuesta, tal y como lo contempla el artículo 51 de la CRBV, omite o inobserva cumplir con la misma, tal y como fuera considerado en sentencia del.5 de mayo de 1988 por la Sala Político Administrativa de la extinta Corte Suprema de Justicia, con ponencia de la Magistrado Josefina Calcaño de Temeltas, (Caso: *REDIMAQ*).

En igual sentido, vale hacer también referencia al a sentencia del 28 de febrero de 1985 de esa misma Sala con ponencia del Magistrado Luis H. Farías Mata (Caso: *Eusebio Igor Vizcaya Paz*), quien reiterando el criterio establecido por esa Sala el 22 de jumo de 1982 (Caso: *Ford Motor de Venezuela, S.A.*), estimó que el silencio administrativo se encuentra consagrado como una garantía jurídica que se traduce en «... *un beneficio para los administrados...*», dando la posibilidad al particular, de acceder a la «jurisdicción contencioso-administrativa». La sentencia aludida, refiere igualmente la consagración del recurso de abstención en la Comunidad Europea, artículo 35 del Tratado de París, los textos que conforman el Tratado de Roma «*... 175 de la Comunidad Económica Europea y 148 del que creó la Comunidad Europea de la Energía Atómica...*», normas que consagran el llamado recurso por abstención «*recours en carence*».

Como podemos observar de las decisiones precedentes, esta acción comporta un derecho violado al particular que correlativamente conlleva a una obligación de actuación de la Administración, ello con el objeto de «... reducir la arbitrariedad administrativa...».

De igual forma, vale destacar la postura actual manejada por el Máximo Tribunal de la República, por lo que debemos referimos a la sentencia N° 2114 de fecha 27 de septiembre de 2006, dictada por la Sala Político Administrativa de nuestro Máximo Tribunal (caso: *Iván José Morales Gómez y otros*), en la cual se ratificó el criterio sostenido en fecha 20 de abril de 2006, a través de la decisión N° 982 (caso: *Ana Cristina Aguilera Carroz*), donde fue dispuesto lo siguiente:

> «los órganos de la jurisdicción contencioso-administrativa detentan la competencia para ejercer el control sobre toda la universalidad de actuación de la Administración; esto es, no solo en lo concerniente a los actos expresos viciados de inconstitucionalidad o ilegalidad, sino que abarca además cualquier situación contraria a derecho, en la que se denuncie que la autoridad administrativa sea la causante de la lesión, infringiendo o perturbando la esfera de los derechos subjetivos de los justiciables con motivo de inactividades u omisiones ilegítimas (Vid. Sentencia N° 1849 de fecha 14 de abril de 2004, de la Sala Político Administrativa, caso: Nancy Díaz de Martínez y otros), (...*omissis*...)
>
> Han considerado la doctrina y la jurisprudencia, que dicha acción tiene como objeto que el Juez condene a esas autoridades al cumplimiento de actos cuyos supuestos se encuentran en principio expresamente regulados por el legislador.
>
> No obstante, esta Sala a fin de redimensionar tal criterio (...) ha estimado admitir la tramitación por medio de este tipo de recurso, no solo aquellas acciones cuyo objeto sea únicamente el cuestionamiento de la omisión de la Administración respecto a una obligación prevista de manera específica en una norma legal, sino abarcar las que pretendan un pronunciamiento sobre la inactividad de la Administración con relación a actuaciones que jurídicamente le son exigibles, sin que haga falta una previsión concreta de la ley (*vid.* Sentencia N° 818 de fecha 29 de marzo de 2006, caso: *Elis Elena González Camacho y otros*)...».

De este modo, se pretende dejar claramente reconocido el derecho del particular de accionar contra cualquier actuación u omisión de la Administración que resulte contraria a derecho o bien que ocasione un agravio ilegítimo frente al ciudadano.

Respecto a las disposiciones normativas del derecho procesal administrativo venezolano, tenemos que dicha acción se encuentra actualmente prevista en el numeral 2 del artículo 9 de la LOJCA, debiendo seguirse el denominado Procedimiento Breve, previsto en los artículos 65 y siguientes *eiusdem*.

Por otra parte, aún cuando se observa relativamente claro el ámbito y objeto de una pretensión que procura la respuesta o el proceder de la Administración, resulta interesante examinar las facultades que ostenta el juez en este tipo de controversias, por cuanto, en casos como el descrito, el umbral entre juez y administración será más delgado, ya que en gran medida la restitución de la situación jurídica requerirá obligaciones formales e incluso actuaciones materiales propias de la función administrativa.

Así, Urosa Maggi, D. (2003), nos señala entre las deficiencias de la tutela judicial en relación con el objeto de la pretensión de condena a actuación, observando las denominadas «Obligaciones administrativas cuyo cumplimiento no resulta exigible directamente a través de la pretensión de condena a actuación administrativa», frente a lo cual, señala lo siguiente:

> «...El restringido concepto de inactividad en tanto objeto de la condena a actuación administrativa, deriva en la existencia de un cúmulo de obligaciones administrativas cuyo incumplimiento queda excluido del régimen procesal especial frente a la inactividad y por ende de la eventual condena prestacional directa...». (p. 241).

De esta forma, sostiene Urosa Maggi que en estos casos de inactividad resultará posible plantear la pretensión de cumplimiento administrativo «*...pero solo de manera indirecta, esto es, reconduciendo la inactividad a la nulidad de un acto administrativo y consecuentemente orden de cumplimiento como modo de restablecimiento...*», por cuanto, la pasividad administrativa no siempre resultará «*naturalmente reconvertible*» en un acto administrativo, concluyendo acertadamente que «*toda actuación administrativa es susceptible de reconducción*», lo cual, es subdividido en: (i) obligaciones de dictar actos administrativos, (ii) obligaciones de alcance colectivo, (iii) obligaciones de alcance multilateral, (iv) obligaciones discrecionales y, (v) obligaciones excluidas en razón de su fuente.

Conforme en lo precedente, sostiene la autora bajo estudio que con base en el principio *pro accione* (desde la perspectiva del derecho español), será posible desligar el criterio formal referido al modo de actuación debida «*... pues no existe diferencia alguna, a los fines de la tutela judicial entre la pretensión de condena a una mera actuación material y la condena a una actuación formal que requiera de posterior ejecución material...*», (p. 242 y 243).

En este orden de ideas, resulta igualmente interesante examinar el criterio de Urosa Maggi respecto a la teoría del agravio subjetivo y directo que podría resultar de la actividad o inactividad de la Administración, y lo que ella denomina obligaciones de alcance colectivo, como serían aquellas materias susceptibles a fiscalización, vigilancia o intervención, esencialmente ligadas a la actividad de limitación administrativa (policía administrativa). Así, la autora estima lo siguiente:

> «...ese ámbito objetivo o colectivo no impide, en modo alguno, plantear casos concretos en los que tal ausencia de actuación afecte intensa y particularmente a uno o varios sujetos, los cuales, no obstante, tendrían vedada la posible acción de condena a actuación por no tratarse de una prestación concreta a favor de una o determinadas personas, con derecho a ello...». (p. 248 y 249).

Así, concluye sosteniendo que la pretensión de condena, en casos como el descrito, debe ser posible y exigible de manera directa, desestimando la necesidad «*... de supeditar esta pretensión a la nulidad de actos administrativos...*», de manera que la tutela resultará procedente «*... siempre que afecte subjetivamente al sujeto que reclama su materialización...*». (p. 249).

Sin embargo, y para finalizar este punto, aún cuando venimos observando esta postura pro acción frente a la inactividad administrativa, debemos destacar que igualmente, la jurisprudencia venezolana ha emitido decisiones, que incluso en su momento resultaron un cambio de criterio peyorativo en lo que concierne al ejercicio de la acción judicial, concretamente la de amparo constitucional, ante las omisiones de respuesta genérica de la Administración, dejando simplemente limitado su control al recurso de abstención y carencia.

El cambio *in commento*, se suscita frente a la Sala Constitucional del TSJ, en sentencia N° 547 de fecha 6 de abril de 2004 (Caso: *Ana Beatriz Madrid*), donde la referida Sala en ejercicio de sus potestades de revisión, cambió el criterio tradicional respecto a los modos de controlar la inactividad de la Administración Pública, en los términos siguientes:

> «... En efecto, no considera la Sala que la obligación administrativa de dar respuesta a las solicitudes administrativas sea un 'deber genérico'. En primer lugar, porque toda obligación jurídica es, per se, específica, sin perjuicio de que su cumplimiento haya de hacerse a través de una actuación formal (*vgr.* por escrito) o material (*vgr.* actuación física) y sin perjuicio, también, de que sea una obligación exclusiva de un sujeto de derecho o bien concurrente a una pluralidad de sujetos, colectiva o individualmente considerados.
>
> En segundo lugar, porque aún en el supuesto de que distintos sujetos de derecho -en este caso órganos administrativos- concurran a ser sujetos pasivos de una misma obligación -en el caso de autos, el deber de todo órgano de dar oportuna y adecuada respuesta-, dicho deber se concreta e individualiza en el marco de cada relación jurídico-administrativa, por lo que es una obligación específica frente al sujeto determinado que planteó la petición administrativa. Y en tercer lugar, porque bajo el imperio de

la Constitución de 1999 el derecho constitucional de dirigir peticiones a los funcionarios públicos abarca el derecho a la obtención de oportuna y adecuada respuesta, lo que supone el cumplimiento de concretos lineamientos, en los términos que antes explanó esta Sala, y, por ende, con independencia del contenido de la solicitud administrativa, la respuesta del funcionario debe ser oportuna y adecuada, lo que excluye cualquier apreciación acerca de la condición genérica de tal obligación. De allí que esta Sala Constitucional considera que el deber constitucional de los funcionarios públicos de dar oportuna y adecuada respuesta a toda petición es una obligación objetiva y subjetivamente específica.

Las anteriores consideraciones llevan a la Sala a la consideración de que el recurso por abstención o carencia es un medio contencioso administrativo que puede -y debe- dar cabida a la pretensión de condena al cumplimiento de toda obligación administrativa incumplida, sin que se distinga si ésta es específica o genérica.

Como podrá observarse, la Sala valoró el fundamento de la pretensión contra la inactividad administrativa, desde la perspectiva de obligaciones genéricas y obligaciones específicas, sin ahondar en el núcleo del criterio tradicional, que no estaba concretamente referido a la obligación desde la perspectiva del contenido de normas del ordenamiento jurídico, sino al tipo de respuesta que debía emitir la Administración ante una petición que no conllevara consigo una resolución o decisión necesariamente objetiva y delimitada en el marco jurídico. Así, podemos hacer referencia a Badell Benítez, N. (2006), quien analizó el criterio de la Sala Constitucional, llegando a las siguientes conclusiones:

«... El análisis formulado por la Sala y la revisión de la jurisprudencia contencioso administrativo sobre el alcance del recurso por abstención, condujo a ese órgano jurisdiccional a adoptar un criterio expreso: la suficiencia de ese medio judicial, como recurso contencioso administrativo especial, para dar 'cabida a la pretensión de condena al cumplimiento de toda obligación administrativa incumplida, sin que se distinga si ésta es específica o genérica'. Dicho recurso 'puede incluso tener como objeto la pretensión de condena a que la administración decida expresamente una petición administrativa -con independencia de que otorgue o rechace el derecho solicitado- en garantía del derecho de petición'...», (p. 510)

Asimismo, sostiene Badell Benítez que conforme al criterio jurisprudencial de la Sala Constitucional, resulta innecesaria la distinción utilizada por la jurisprudencia contencioso administrativo, entre la naturaleza general o específica de la obligación que tiene la Administración Pública en pronunciarse sobre la petición formulada por el accionante, con el objetivo de determinar el mecanismo idóneo (amparo o recurso por abstención) para proteger su derecho de petición y oportuna respuesta, «... *Pues, según la citada jurisprudencia, el instrumento procesal que funciona como protección efectiva para garantizar el ejerci-*

cio del referido derecho frente a cualquier supuesto, es el recurso por abstención o carencia...» (p. 512 y siguientes).

Dicha decisión, como bien sabemos, ha sido ratificada en ulteriores oportunidades, pudiendo hacer referencia a la Sentencia del 1 de febrero de 2006, (Caso: BOGSIVICA). De esta forma, concluye Badell con base en el criterio reiterado y asentado de la Sala Constitucional, se desprende igualmente la necesidad de que al decidirse recursos por abstención contra obligaciones generales se dé cumplimiento al criterio expuesto en la sentencia del 6 de abril de 2004, por cuanto, sostiene el autor que en caso contrario *«... se desemboca en una absoluta denegación de justicia...»*, ya que:

> «...la confrontación entre el criterio de esta Sala en materia de amparo constitucional y la postura de la Sala Político-Administrativa en relación con el recurso por abstención llevan a la perversa conclusión del desamparo absoluto de ciertas pretensiones procesales...» (p. 515).

Postura que difícilmente puede ser contrariada, dado que al convertirse la acción de amparo constitucional en un mecanismo judicial ya no de ejercicio extraordinario, sino excepcional, las obligaciones cuya respuesta resultaba genérica, tendrán que ser controladas en vía jurisdiccional mediante el recurso por abstención o carencia, presentándose una peculiar forma de poder de sustitución del juez, puesto que, en estos casos, se partía de la premisa de criterios subjetivos o cuya determinación al caso concreto correspondían a la autoridad: o funcionario público, resultando entonces en área de difícil distinción en lo que respecta a función administrativa y función jurisdiccional.

De esta forma se puede concluir no solo en la facultad de ejercer un control de legalidad contra las actuaciones u omisiones de la Administración, sino igualmente para emitir decisiones que comporten obligaciones de hacer o no hacer, que si bien para algunos pueden ser entendidas como sustitución del juez en la función administrativa, debería igualmente considerarse que dichas facultades son netamente jurisdiccionales, inherentes al poder de decidir y ejecutar lo decidido que ostenta el Poder Judicial.

Rara vez estimaríamos que la actuación del Poder Judicial frente a un negocio jurídico particular implica la sustitución del juez en la autonomía de la voluntad, simplemente compete al Poder Judicial restituir las situaciones jurídicas que se hayan visto infringidas por el proceder ilícito de una de las partes, situación que en similar sentido se desarrolla en el derecho procesal administrativo, donde se busca restablecer un agravio jurídico surgido en ocasión de las relaciones entre la Administración y los particulares o entre distintas organizaciones personificadas de derecho público. Lo que no necesariamente debe ser entendido como sustitución del juez en la función administrativa, por cuanto, el juez, en observancia a sus competencias jurisdiccionales tiene la facultad para decidir la controversia y ejecutar lo juzgado, ya sea que se trate de una actuación formal y/o material del Estado o bien una omisión a sus obligaciones.

Finalmente, estimamos que la sustitución del juez en la función u omisión administrativa debería entenderse desde la perspectiva de competencias exclusivas y excluyentes del Poder Ejecutivo, es decir, cuando el juez se ve forzado a suplir una actuación formal de la Administración bien sea que ulteriormente comporte o no, una actuación material. Por su parte, anular un acto, condenar al pago de sumas dineradas, acordar obligaciones de hacer, entrega de bienes u otros similares, si bien éstas debieron ser realizadas inicial mente por el Estado, su contumacia al cumplimiento genera el poder en el juez de forzar la ejecución de la sentencia, no se trataría entonces de función administrativa realizada por el juez, sino de una clara demostración de la función jurisdiccional.

CONCLUSIONES

Una vez observado la marco constitucional, doctrinario y jurisprudencial que conforma el derecho procesal administrativo, vemos con gran agrado su evolución a favor de la tutela efectiva de derechos y garantías del justiciable frente a la Administración, abocándose la tendencia universal hacia la subjetivización del proceso, así como a la existencia de mecanismos judiciales que sean capaces de salvaguardar el objeto de la controversia, es decir, la pretensión del particular.

Lo anterior va de la mano al criterio de responsabilidad patrimonial integral que debe requerirse a la Administración ante el daño causado bien por hecho lícito o ilícito, así como al carácter efectivo que el Sistema Interamericano de Derechos Humanos ha venido desarrollando en las últimas décadas en aras de lograr imponer una jurisprudencia universal en lo que concierne a la efectividad de los mecanismos judiciales, sean estos principales o accesorios (cautelares).

De igual manera, es posible observar que, si bien el criterio tradicional de la conformación de la «jurisdicción contencioso administrativa» ha considerado como una usurpación de funciones la posibilidad de que el juez se «sustituya» en la Administración, vemos como su tendencia moderna procura dicha facultad frente a los entes públicos, ello como herramienta esencial para la satisfacción de los derechos ciudadanos y procura de la realización de la justicia administrativa, situación que difícilmente puede lograrse si mantenemos una postura objetiva del control de legalidad. Se requiere ciertamente de un ejercicio autónomo y coercitivo de la función jurisdiccional, con el fin de garantizar la denominada restitución de la situación jurídica infringida consagrada en nuestro texto constitucional.

La postura de la jurisprudencia venezolana es bastante inequívoca, el juez puede sustituirse en la Administración en la medida que ello sea necesario para salvaguardar el derecho constitucional a la tutela judicial efectiva. Sin embargo, tal y como hemos expuesto, la sustitución del juez en la función administrativa es muchas veces confundida con una clara función jurisdiccional, por cuanto, dirimir una controversia, dictar sentencia en el asunto y proseguir hacia la ejecución de lo decidido, aun cuando se encuentre presente una organización personificada de derecho público, se trata de funciones netamente jurisdiccionales.

El mandato constitucional de restitución de la situación jurídica infringida, es una clara indicación de la voluntad del constituyente a procurar que el juez haga, realmente, todo lo necesario para obtener justicia a favor del sujeto que amerite esa tutela, por tanto, mal podría desempeñarse el juez administrativo como un simple operador de un proceso judicial y declarante del derecho, es indispensable que tome decisiones que instruyan el proceder del Estado en atención a la pretensión del justiciable y cumplimiento del dispositivo.

Por otra parte, tenemos que las prerrogativas procesales y el procedimiento especial de ejecución de sentencias a favor de la Administración, no hace sino obstaculizar no solo esta posibilidad de sustitución, sino incluso hace nugatorio el derecho a la tutela efectiva, limitando enormemente la facultad de restitución de la situación jurídica infringida que como hemos indicado, se encuentra prevista en una norma de rango constitucional.

De esta manera, vemos que el llamado poder de sustitución del juez sobre la función administrativa, es generalmente confundido con la facultad que ostenta el operador judicial para examinar la actuación de los entes públicos y requerir de estos determinados comportamientos jurídicos, circunstancia que no es otra cosa que la adecuación de la clásica función jurisdiccional al derecho procesal administrativo, donde una o ambas partes será la Administración o bien la causa de la pretensión involucrará elementos propios del derecho administrativo. Resultaría incluso carente de sentido estimar por ejemplo que en el ámbito civil una condena judicial a la indemnización de daños y perjuicios entre particulares sea estimado función jurisdiccional, pero si esa condena recae sobre la Administración entonces se entienda como sustitución del juez, como tampoco debería considerarse sustitución la anulación de un acto administrativo, puesto que ello ha sido contemplado en nuestro ordenamiento jurídico como una competencia del Poder Judicial en ejercicio del denominado control de legalidad de los actos del Poder Público, situación que se observa tanto en la Constitución (artículo 259) como en diversas leyes orgánicas (LOJCA, DRVFLOPGR, entre otras).

Así, debemos distinguir cuándo estamos ante función administrativa y cuándo estamos ante función jurisdiccional, a los fines de poder determinar hasta qué punto, el juez traspasa los límites de la segunda, situación que en gran medida estaría vedada para el Poder Judicial frente al principio de separación de poderes, lo que puede resumirse de la siguiente forma:

(i) Cuando el juez cuente con una facultad jurídica de actuación expresa sobre la Administración

En la medida que el proceder del juez contencioso administrativo se encuentre avalado por una norma de rango de ley, siempre en función de mantener el control de legalidad pleno y la tutela efectiva de derechos, podrá perfectamente ejecutarse lo que inicialmente consideraríamos una sustitución en la función administrativa, tal y como ocurre en los procedimientos de ejecución de decisiones judiciales previstos en la Ley Orgánica del Poder Público

Municipal y el procedimiento especial para entes distintos a la República, los estados y los municipios normado en la Ley Orgánica de la Jurisdicción Contencioso Administrativa, donde son claramente admitidos la emisión de mandatos de parte del juez frente a la Administración (*vgr.* anulación de actos, exigencia de cumplimiento de obligaciones omitidas, entrega de bienes, entre otros).

Concretamente podemos referimos a las obligaciones de hacer o no hacer, donde evidentemente el juez procederá a determinar en sentencia lo que a su criterio debe ser realizado o no por la Administración. Sin embargo, aún cuando ello podría ser considerado en principio como una sustitución en la función administrativa, no puede obviarse el hecho de que una vez regulado como normas propias del derecho procesal administrativo, se tratará realmente de facultades jurisdiccionales, por lo que más que una sustitución del juez en la Administración, lo que se pretende es la efectividad de las decisiones judiciales en atención a los artículos 26 y 259 de la CRBV.

(ii) Que esa actuación jurisdiccional resulte indispensable para la efectividad del proceso judicial

Nos referimos con esto a eventuales escenarios donde se requiera una determinada actuación judicial para que sea efectiva la tutela de derechos y muy especialmente la restitución de la situación jurídica infringida, que como pudimos observar, la jurisprudencia venezolana cuenta con referencias concretas como sería el caso de la determinación de la cuota tributaria en un asunto determinado o la fijación del canon de arrendamiento en materia inquilinaria. Actuaciones que se entienden como inherentes al derecho subjetivo que en ese caso debía ser tutelado por el juez.

Una vez más se trata del fin último que procura un juez, esto es, la efectividad de sus decisiones y la tutela de los derechos de los sujetos involucrados, significa entonces el desarrollo a través de la jurisdicción del control de las actuaciones de la Administración, siempre que se haya observado una trasgresión al marco constitucional o legal del justiciable.

(iii) Examinar una actuación discrecional no implica necesariamente sustitución del juez

Como pudimos observar a lo largo de este trabajo, la discrecionalidad administrativa suele ser considerada como un punto límite de la función jurisdiccional en el contencioso administrativo, sin embargo debemos hacer énfasis en el hecho que el examen de la estricta legalidad de esa actuación no implicará usurpación de funciones o un exceso de parte del juez, por cuanto, este se encuentra plenamente facultado para ejercer el control de legalidad sobre cualquier actuación que sea capaz de afectar intereses y derechos de una o varias personas, encontrándose en todo caso vedado al Poder Judicial, el aspecto concerniente al mérito, oportunidad o conveniencia valorado por el funcionario administrativo, lo cual, cuenta con un evidente carácter subjetivo que no puede ser subsumido por el proceder intelectual del juez, lo que no impedirá que el Poder judicial determine de cualquier modo la legalidad o ilegalidad del acto en los extremos de los principios fundamentales del derecho público y el ordenamiento jurídico.

(iv) Las abstenciones u omisiones de la Administración deben ser controladas por el juez con especial atención al tipo de respuesta

Visto el criterio constitucional asumido en el caso de Ana Beatriz Madrid tantas veces mencionado, el juez contencioso administrativo podrá eventualmente examinar pretensiones que procuran del Poder Judicial decisiones administrativas cuya respuesta resultaría -desde la perspectiva del funcionario público- genérica, frente a lo cual el juez podría en cierto modo sustituir la función administrativa, particularmente cuando se trate de ciertas peticiones de primer grado. .

Como consecuencia de ello, y al dejarse rezagado el ejercicio del amparo constitucional solo en supuestos en los que el recurso por abstención o carencia resulte inefectivo a la tutela de derechos del justiciable, el juez contencioso administrativo deberá examinar hasta qué punto la resolución de esas abstenciones u omisiones administrativas requerían, en principio, una respuesta genérica o específica de parte de la Administración, situación que delimitará su función jurisdiccional, dado que, como hemos visto, el juez tiene la facultad de restituir la situación jurídica lesionada, pero ciertos exámenes que comportan mérito, oportunidad o conveniencia, se entienden como propios de la Administración conforme al principio se separación del poder público. De manera que el juez tendrá que delimitar cuándo podrá establecer mediante sentencia cuál debió ser la respuesta administrativa y cuándo deberá limitarse a exigir de la Administración que sirva responder la petición del particular conforme al artículo 51 de la CRBV y artículo 2 de la LOPA.

Como corolario de lo anterior, vale preguntarse hasta qué punto procurar una ejecución forzosa, anular actos, llevar a la materialización real y efectiva obligaciones de hacer y no hacer, exigir la incorporación de partidas presupuestarias para cumplir con una condena, será realmente sustitución del juez en la Administración, cuando todas esas atribuciones no son más que la puesta en funcionamiento del poder jurisdiccional, decidir y hacer cumplir lo decidido. Se trata entonces más que de función administrativa, una clara actuación judicial, la cual, podrá incluso subsumirse en la Administración cuando ello resultase necesario para la consecución de la justicia.

Podríamos estimar que el poder de sustitución del juez, no será otra cosa que procurar la efectividad de la sentencia, es decir, asegurar su ejecución por parte de la Administración en atención a los intereses jurídicos tutelados, pero siempre en ejercicio de facultades jurisdiccionales en estricto apego al principio de separación de poderes, donde encontramos los límites inherentes entre función administrativa y jurisdiccional.

Aun cuando podamos considerar que el procedimiento legalmente establecido en el derecho procesal administrativo venezolano, coarta en gran medida la posibilidad real y efectiva de una justicia administrativa, tenemos que considerar el papel del juez en esta situación, puesto que, es indiscutible las amplias facultades que ostenta sobre la Administración, de allí que, en cierto modo, la contribución que lleven a cabo los operadores jurídicos será de vital importancia en el futuro, ello no solo desde la perspectiva del desarrollo del derecho procesal administrativo, sino también en la reconstrucción del sistema de administración de justicia de Venezuela, que en estos momentos vive, sin dudas, una de sus etapas más oscuras, resultando indispensable la recuperación de la efectividad de nuestros mecanismos judiciales, como también la confianza del ciudadano frente al Poder Judicial, circunstancias ambas, que tienen que converger a favor de la seguridad jurídica y restablecimiento del Estado Democrático de Derecho y de Justicia que tanto añoramos.

REFERENCIAS BIBLIOGRÁFICAS

AA.VV., *Revista de la Facultad de Derecho* N° 65-66. Universidad Católica Andrés Bello, Caracas, 2011.

ALFONSO, I., *Técnicas de investigación bibliográfica,* 8va ed., Contexto, Caracas, 1999.

ARAUJO-JUÁREZ, J., *Derecho Administrativo, Parte General,* Paredes, Caracas, 2007.

- *Principios Generales del Derecho Procesal Administrativo,* Vadell Hermanos, Valencia-Caracas, 2004.

BADELL BENÍTEZ, N., «Análisis jurisprudencial del amparo constitucional contra la Administración Pública». *Libro Homenaje al profesor Luis Henrique Farias Mata.* Instituto de Estudios Jurídicos del Estado Lara, Colegio de Abogados del Estado Lara, Venezuela, 2006.

BARCELONA, J., *¿Pero de verdad existe tutela judicial cautelar en el orden contencioso-administrativo? Escritos jurídicos en memoria de Luis Mateo Rodríguez,* Universidad de Cantabria, Santander, 1993.

BELLO TABARES H. y JIMÉNES RAMOS, D., *Teoría General del Proceso,* Tomo I, Ediciones Liber, Caracas, 2008.

BELTRÁN DE FELIPE, M., *El Poder de Sustitución en la Ejecución de las Sentencias Condenatorias de la Administración,* Civitas, Madrid, 1995.

BREWER-CARÍAS, A., *Principios Fundamentales del Derecho Público.* Cuadernos de la Cátedra Allan Brewer-Carías de Derecho Administrativo UCAB, N° 17, Editorial Jurídica Venezolana, Caracas 2005.

- «De la interpretación constitucional a la inconstitucionalidad de la interpretación». Ponencia presentada al VH Congreso Peruano de Derecho Constitucional, Arequipa, Perú, 2005.

BREWER-CARÍAS y ORTÍZ ÁLVAREZ, *Las Grandes Decisiones de la Jurisprudencia Contencioso Administrativa 1961-1996.* 1era reimpresión, Editorial Jurídica Venezolana, Caracas, 2007.

CABANELLAS DE TORRES, G., *Diccionario Jurídico Elemental.* Decimoséptima Edición, Editorial Heliasta, Buenos Aires, 2005.

CANALES ALDENDE, J.M., *El Servicio público de la justicia: actualidad y perspectivas.* Departamento de Ciencia Política y de la Administración II, Universidad Complutense, Madrid, 1995.

CASSAGNE, J., *El Derecho Administrativo Iberoamericano*. INAP & UIM/Granada, España, 2005.

DUQUE CORREDOR, R., *Temario de Derecho Constitucional y Derecho Público*, Editorial Legis, Caracas, 2008.

ESPINOZA, A., *La Protección Jurídica en el Contencioso Administrativo*, Instituto de Estudios Constitucionales, Caracas, 2009.

EZQUIAGA GANUZAS, F. J., *Curso de filosofía del derecho: Valores y principios constitucionales en la jurisdicción*. Universidad del País Vasco, Servicio Editorial=Euskal Herriko Unibertsitatea, Argitalpen Zerbitzua, 2002

FERNÁNDEZ TORRES. J.R., *La Formación Histórica de la Jurisdicción Contencioso Administrativa (1845-1868)*, Editorial Civitas, Madrid, 1998.

GARCÍA DE ENTERRÍA, E. *Hacia una nueva justicia administrativa*, Civitas, 2da ed., Madrid, 1992.

GARCÍA PELAYO M., *Obras Completas. Centro de Estudios Políticos y Constitucionales*, 2da Edición, Madrid, España, 2009.

GALERA RODRIGO, S., *Sistema Europeo de Justicia Administrativa*. Editorial Dykinson, S.L. Madrid, 2005.

GONZÁLEZ PÉREZ, J., *Derecho Procesal administrativo hispanoamericano*, Editorial Temis, S.A., Bogotá (Colombia), 1985.

HERNÁNDEZ, J.I., «Ejecución de la Sentencia en el Orden Contencioso Administrativo. El Contencioso Administrativo en el ordenamiento jurídico venezolano y en la jurisprudencia del Tribunal Supremo de Justicia», en *Homenaje a la Dra. Hildegard Rondón de Sansó*, FUNEDA, Caracas, 2006.

HERNÁNDEZ, R., FERNÁNDEZ, C. y BAPTISTA, P., *Metodología de la investigación*, McGraw-HIl., 3da ed., México, 2003.

HERNÁNDEZ MENDIBLE V.R., «Los vicios de anulabilidad en el derecho administrativo». *Revista de la Facultad de Ciencias Jurídicas y Políticas*, N° 99, Caracas, 1996.

HUTCHINSON, T., «El Proceso de Ejecución de Sentencias contra el Estado». *Revista Latinoamericana de Derecho*, Buenos Aires, 2004.

MADURO LUYANDO, E. y PITTIER, E., *Curso de Obligaciones, Derecho Civil III*, Tomo I, Publicaciones UCAB, Caracas, 2000.

MÉNDEZ, J. E., «El acceso a la justicia, un enfoque desde los derechos humanos», en *Acceso a la Justicia y Equidad, Estudio de siete países en América Latina*. Instituto Interamericano de Derechos Humanos-Banco Interamericano de Desarrollo, San José, 2008.

MEORI, Andrea, «Iura Novit Curia y el Juez Imparcial». *Revista Ius Et Praxis* - Año 13 - N° 2, Universidad de Talca, Chile, 2007.

MONTILLA BRACHO, J., «La acción procesal y sus diferencias con la pretensión y demanda». *Revista de Ciencias Jurídicas de la Universidad Rafael Urdaneta*. Vol. II, N° 2 (Julio-Diciembre), Venezuela, 2008.

NEHER, J. A., «Del Ministro Juez al Juez Ministro», *Revista de Derecho Público N° 40*, Caracas, 1989.

Organización de Estados Americanos. Comisión Interamericana de Derechos Humanos. El acceso a la justicia como garantía de los derechos ECONÓMICOS, sociales y culturales. Estudio de los ESTANDARES fijados por el Sistema Interamericano de Derechos Humanos, OEA, 2007.

ORLANDO, V.E., *Principios de Derecho Administrativo*. INAP, Madrid, 1978.

ORMACHEA CHOQUE, I., *Utilización de medios alternativos para la Resolución de conflictos socioambientales: Dos casos para reflexionar*. Ponencia preparada para la Conferencia Electrónica FAO-FTPP-Comunidec: «Conflictos Socioambientales: desafíos y propuestas para la gestión en América Latina», Quito, enero-marzo del 2000.

PASCERI ESCARAMUZA, P.P., *Poderes del Juez Contencioso Administrativo*. Publicación electrónica http://pasceriaboga dos.com/Download/lospoderes.htm. 2003

- «Poderes del Juez Contencioso Administrativo. Avances Jurisprudenciales del Contencioso Administrativo. XXVIU. Jomadas «J.M. Domínguez Escovar» en *Homenaje a la memoria del Dr. Eloy Lares Martínez*. Instituto de Estudios Jurídicos del Estado Lara, Barquisimeto (Venezuela), 2003.

PENAGOS G., *Bases Jurídico Políticas del Derecho Administrativo*. Ediciones Doctrina y Ley LTDA, Bogotá Colombia, 2009.

PINA VARA, R., *Diccionario de Derecho*. Editorial Porrúa, Vigésima Edición, México, 1994.

ROMBERG, A., *Tratado de Derecho Procesal Civil Venezolano*. Organización Gráficas Carriles, Caracas, 1999.

RONDÓN DE SANSÓ, H., «La actividad administrativa y el Régimen de Sanciones Administrativas en el Derecho Venezolano». II Jomadas sobre Derecho Administrativo «Las Formas de la Actividad Administrativa». FUNEDA, Caracas, 2005.

UROSA MAGGI, D., *Tutela Judicial frente a la Inactividad Administrativa en el Derecho Español y Venezolano*, FUNEDA, Caracas, 2003.

EL PODER DE SUSTITUCIÓN DEL JUEZ EN LA FUNCIÓN ADMINISTRATIVA,
de ALEJANDRO GALLOTTI, se imprimió
en la República Argentina en abril de 2021.

www.ingramcontent.com/pod-product-compliance
Ingram Content Group UK Ltd.
Pitfield, Milton Keynes, MK11 3LW, UK
UKHW041852190726
13854UKWH00002B/857

9 789563 929607